安徽省"十三五"重点图书出版规划项目

中国当代农村发展论丛 ◎ 张德元 主编

农业发展新理念
——从『二物』思维到『三物』思维

安徽大学农村改革与经济社会发展
协同创新中心课题组 编

中国科学技术大学出版社

内 容 简 介

"二物"思维是指传统农业发展中的以植物、动物为开发对象的农业发展思维,"三物"思维则在原有"二物"开发对象的基础上增加了"微生物"。本书以绿色发展理念为指导,运用现代生态学原理,介绍了"三物"思维及其特征,分析了农业发展理念从"二物"思维转入"三物"思维的必要性、重要性和紧迫性,阐述了把植物、动物和微生物放在同等重要的位置进行开发利用的重要性,以构建平衡的农业生态循环系统,促进农业走上绿色、生态、循环、高效的发展道路,建立起人与自然和谐共生的发展格局,重构农业农村发展的新模式。

本书适合农业从业人员及"三农"问题相关研究人员阅读。

图书在版编目(CIP)数据

农业发展新理念:从"二物"思维到"三物"思维/安徽大学农村改革与经济社会发展协同创新中心课题组编. —合肥:中国科学技术大学出版社,2018.11

(中国当代农村发展论丛)

安徽省"十三五"重点图书出版规划项目

ISBN 978-7-312-04500-4

Ⅰ.农… Ⅱ.安… Ⅲ.农业发展—研究—中国 Ⅳ.F323

中国版本图书馆 CIP 数据核字(2018)第 125755 号

出版	中国科学技术大学出版社 安徽省合肥市金寨路 96 号,230026 http://press.ustc.edu.cn https://zgkxjsdxcbs.tmall.com
印刷	合肥市宏基印刷有限公司
发行	中国科学技术大学出版社
经销	全国新华书店
开本	710 mm×1 000 mm 1/16
印张	9.75
字数	180 千
版次	2018 年 11 月第 1 版
印次	2018 年 11 月第 1 次印刷
定价	35.00 元

本书编委会

主 任 刘 奇

委 员（以姓名汉语拼音为序）

  胡桂芳　靳贞来　刘学贵　孟昭杰

  聂　苏　宋　宏　孙自铎　鄢达昆

  张德元　张谋贵　张行宇　张延明

  周　浩　朱的娥

总 序

  20世纪80年代,我在中央机关参与农村改革政策调研的时候,就坚持认为,中国农村政策最基本的问题是农民问题。20世纪90年代,政策界在全球化导向下转而把农业问题作为主要关注领域之后,我则一再强调中国的"三农"问题,而且在排序上坚持把农民权益放在第一位,然后是农村可持续发展问题,最后才是农业安全问题,并认为"三农"问题之所以不同于微观产业经济领域讨论的"农业问题",在于作为"原住民大陆"的中国的农村社会经济运行的真实逻辑,与"殖民地大陆"的美洲和大洋洲存在着"质的差别",各自的主要发展经验在根本上没有互相复制的可能性。据此看,对于影响巨大的政策研究而言,任何简单化地套用或教条化地照搬,都势必造成巨大损失。这些思考,在我近年来所发表的文章中随处可见。

  不过,我在坚持"非主流"意见的同时,也预感到不能再以这种角度开展农村政策研究,遂去高校完成了在职研究生的学习,同时争取多做些国家级课题和国际合作的科研项目,以便及时转向学术研究。为了更好地理解农村改革发生的内在机理,进而把握和预见中国未来的农村发展方向,我用了3年时间梳理了20世纪中国经济发展史,并做了中国宏观经济与"三农"发展的相关研究。据此可知,从中国农村改革至今40年的长期经验看,其不仅在本源上与20世纪70年代末期的宏观经济危机直接相关,而且"三农"领域每一次的重大政策变化,也都受到改革开放以来经济周期的直接影响。

安徽广大干部群众及"三农"学界对农村改革贡献极大。早在20世纪60年代初,当国家工业化在原始积累阶段遭遇外资中辍致使经济遭受严重破坏之际,中央决定实行"三级所有,队为基础",就是把服务于工业化的农村体制从"一大二公"的乡级人民公社退回到村级生产队核算,同时允许农户搞"三自一包"。安徽省干部群众在时任省委第一书记曾希圣同志的支持下,在全省推广责任田,通过"包产到户"的办法解决了生存问题。由于1963年宏观经济初步恢复之后国家仍然要通过集体化从"三农"提取积累,留利于民的责任田在三年困难时期后被取消。但这一探索本身表明安徽广大干部群众从不缺乏改革精神。

长期从"三农"获取剩余用于城市工业化的汲取政策,使得在农村改革启动前期没有得到政策机会发展社队工业的安徽农民远比那些有工业基础的沿海省份和城市郊区农民生活困苦得多。当年的安徽,不仅城乡之间的基尼系数,而且农村内部不同区域之间的基尼系数都在显著恶化。直至1975年,完全没有工副业生产的安徽省凤阳县小岗生产队人均口粮75千克,全年人均收入仅20元,一年中有10个月的时间吃返销粮,农民生活极端困苦。因此,凤阳县小岗村生产队和肥西县小井庄的干部群众积极探索,并逐步突破了传统城市资本偏向的旧体制的束缚。小岗村农民在承包合同中指出:"如果上级追查,队干部坐牢,全村各户保证把他们的孩子养到18岁。"这种贫困农村基层的自发探索,不仅解决了村里人的吃饭问题,也被中央主管经济工作的领导人用作国家经济政策上财政"甩包袱"的注脚,媒体称安徽农民改变了整个国家和民族的命运。

此后的30多年时间里,安徽广大干部群众积极探索,为农业和农村发展作出了巨大贡献。其中,辛秋水教授立足于田野试验,在文化扶贫和村民自治领域作出重大探索。何开荫教授和张德元教授多次向党中央国务院建言献策,以刘兴杰为代表的基层干部勇于实践,积极推动农村税费改革,直至国家最终推出了废除农业税的政策。这些,无不凸显了安徽之于中国农业与农村发展的重要地位。

自1997年东亚金融风暴造成1998年中国因外需大幅度下降而暴露出生产过剩矛盾以来,国内经济波动越来越多地受到全球化的影响。对此,中国政府在维护国家经济主权之际,大规模扩张国家信用,投资于三大差别——区域差别、城乡差别和贫富差别的再平衡战略。在城乡差别再平衡战略上,从2006年贯彻"新农村建设"战略起,中国已进入工业反哺农业、城市支持农村的发展阶段。然而,我们也注意到由于各地政府未能及时认识和纠正自身的公司化取向,招商引资成为"过剩资本"占有乡村资源、实现资本化获取收益的主要手段,致使劳动力、土地、资金这三大生产要素大量流出农村,"三农"问题由此变得更加复杂。原本新农村建设中县域经济战略的主要内容——"城镇化+中小企业",也受到资本过度集中于大城市现状的影响,从而形成严重滞后于沿海和超级城市工业化的结构性扭曲……这些偏差至今尚未得到根本性矫正。如今又增加了农业生态环境形势日趋严峻的新问题,农业改革之路日趋艰难。单纯重视GDP的发展观在力推农民工大规模外出的同时,也造成了众多留守老人、留守妇女和留守儿童的不良生存状况。在大规模弱势群体形成的同时,中国人口老龄化的挑战已经悄然而至!

  这些问题的研究和解决,离不开政府相关政策的出台,更离不开包括学者在内的社会各界人士的共同努力。我们有理由相信曾经作出过巨大贡献的安徽广大干部群众还将作出新的探索和努力,安徽"三农"学界还将作出历史性的新贡献!

  谨在此系列丛书出版之际,向为中国农村发展作出重大贡献的安徽广大农村干部群众致以崇高的敬礼。

温铁军

从"二物"思维到"三物"思维(代序)[①]

PREFACE

农业的本质是开发利用生物资源,植物、动物和微生物是构成生物资源的三大支柱。有史以来,人类的农业活动主要集中在看得见、摸得着的植物和动物这个"中观"世界里,虽然对微生物也有所利用,如酿酒制醋、采集食用菌等,但多处于自然状态。随着高科技的深入发展,近现代以来,人类的农业活动逐渐从"中观"世界分别向着宏观世界和微观世界两端延伸。在宏观世界里,有太空种子、太空种植、火星地球化等探索;在微观世界里,微生物的开发利用已经形成微生物饲料、微生物肥料、微生物能源燃料、微生物食品、微生物药品和微生物清洁剂六大领域。这六大领域的技术虽然已趋成熟,但社会认知度远远不足。因此,变植物、动物的"二物"思维为植物、动物、微生物的"三物"思维,是农业发展的新趋势。

所谓农业的"三物"思维,就是遵循生态学原理,充分利用农业生物量资源,形成循环往复、生生不息的农业生态循环系统。它不仅可以实现能量的互相转化和物质的循环利用,而且可实现农产品集约化、工厂化生产;不仅可将微生物在农业生态系统中的被动作用主动化、隐性作用显性化,而且有利于改善农业生态环境;不仅可以实现资源的永续利用和农业的可持续发展,而且可以变废为宝,"点废成金",如利用微生物技术开发农作物秸秆便是"点草成金",开发畜禽粪便就是"点粪成金"。又如开发食用菌,它具有"六不争"的特点,即不与人争粮、不与粮争地、不与地争肥、不与农争时、不与农产品争市场、不与其他产业

[①] 本文发表于2017年第20期《农村工作通讯》。

争资源。我国目前每天人均食用菌类60克左右,营养专家建议应达250克以上。按此测算,仅国内消费市场,食用菌即可形成一个万亿级的产业。这也是我国在"一带一路"诸国中输出农业技术的好抓手,此项技术在非洲已大见成效,颇受欢迎。

微生物在地球上无处不在,科学研究发现,在80千米高的高空,在11千米深的海底,在2千米深的地下,都可以找到微生物的踪迹,且种类丰富,未知者甚众,专家估计达1万亿种。各国学者已用分子生物学手段确切地证明,迄今仍有90%~99%的微生物未被认识。

只在"二物"思维的"中观"世界里发展的我国现代农业面临着诸多难题:一是资源承载力超限。农业有三大系统:耕地农业、草地农业和捕捞农业。我国比美国多10亿人口,而美国差不多比我们多10亿亩耕地。且改革开放以来,我国已有3亿多亩耕地被城市和工业占用,土地资源奇缺。草地系统超载过牧、沙化严重已成顽症。中国是目前世界上唯一一个水产养殖产量超过捕捞量的国家,自然生长的水产品已经无法满足需求。二是生态环境恶化。土壤污染、水体污染、空气污染严重,工业和城市发展给农业农村造成了环境污染。为了达到高产高效,农业自身又过量使用农药化肥、除草剂以及给动物过量使用抗生素。这些都严重影响产品质量。三是动植物之间的生态循环链条被斩断。传统农业的运行规律是一个封闭的内循环,农作物种子供人吃,根、茎、叶喂牲畜,人畜粪便又还田作为农作物肥料进行下一轮生产。现代农业注入的两个外力打破了这个内循环:一是从石油中提炼制造化肥代替秸秆和人畜粪便,二是用机械代替人力、畜力。秸秆和人畜粪便还田就是微生物繁殖的过程,化肥农药、除草剂加上抗生素使微生物无处安身,没有微生物的参与生态循环即告中断,由此则带来农业生产的诸多问题。在自然生态系统中,植物是生产者,动物包括人在内是消费者,而微生物则是分解还原者。当今时代,绿色农业、生态农业、循环农业、有机农业等概念十分流行,但是缺了微生物,这些概念都只能流于形式。随着人类生存环境的恶化,如果不把微生物开发利用起来,这种恶化还将继续。中国农业乃至世界农业的未来,前景在于微生物开发,效益也在于微生物开发。微生物六大领域的开发利用有着巨大的产业利润和广阔的发展空间。应让消费者认识到微生物产品是绿色无公害的,食用微生物食品是安全的、健康的,从而使大众理性消费;同时应让决策者认识到微生物产业的总体经济价值和社会价值,以优惠政策引导产业有序发展。

思想观念和思维方式的转变不是一朝一夕轻而易举就能实现的。列宁说:"最大的敌人是习惯势力。"要改变传统的"二物"思维,需要全社会方方面面坚持不懈地共同努力,形成一个巨大的舆论场,才能让微生物"微"中见"巨",从幕后走到前台。

刘 奇[①]

[①] 刘奇,国务院参事室特约研究员,农业部专家咨询委员会专家,安徽省政府参事室参事,中国农业经济学会副会长,安徽大学农村改革与经济社会发展协同创新中心学术委员会主任委员。

目 录
CONTENTS

- 总序 ……………………………………………………………………………（ i ）
- 从"二物"思维到"三物"思维（代序）……………………………………（ v ）
- 第一章 "三物"思维概说 ……………………………………………………（ 1 ）
  - 第一节 "三物"思维的概念 ……………………………………………（ 1 ）
  - 第二节 陷入困境的"二物"思维 ………………………………………（ 8 ）
- 第二章 点石成金的"三物"思维 ……………………………………………（ 15 ）
  - 第一节 点废成金：实现废弃资源无害化利用 ………………………（ 15 ）
  - 第二节 创新科技：实现农产品工厂化生产 …………………………（ 21 ）
  - 第三节 改良生态：实现农业可持续发展 ……………………………（ 25 ）
  - 第四节 以人民为中心推进健康中国建设 ……………………………（ 30 ）
- 第三章 前景广阔的微生物开发 ……………………………………………（ 34 ）
  - 第一节 微生物肥料 ……………………………………………………（ 34 ）
  - 第二节 微生物饲料 ……………………………………………………（ 36 ）
  - 第三节 微生物能源燃料 ………………………………………………（ 38 ）
  - 第四节 微生物食品 ……………………………………………………（ 41 ）
  - 第五节 微生物药品 ……………………………………………………（ 43 ）
  - 第六节 微生物清洁剂 …………………………………………………（ 45 ）
- 第四章 农作物秸秆的综合利用 ……………………………………………（ 48 ）
  - 第一节 我国农作物秸秆综合利用情况和技术方法 …………………（ 48 ）
  - 第二节 秸秆综合利用存在的主要问题及原因分析 …………………（ 52 ）

第三节　秸秆微生物利用具体途径……………………………（55）
　第四节　农作物秸秆综合利用典型模式与案例…………………（60）
　第五节　"十三五"时期我国秸秆综合利用思路与措施…………（65）

第五章　畜禽废弃物的综合利用……………………………………（71）
　第一节　我国畜禽废弃物综合利用现状…………………………（71）
　第二节　微生物开发利用畜禽粪便前景广阔……………………（76）
　第三节　畜禽废弃物综合利用典型案例…………………………（80）
　第四节　畜禽废弃物的综合利用政策措施………………………（84）

第六章　食用菌的开发………………………………………………（90）
　第一节　国内外食用菌开发简述…………………………………（90）
　第二节　食用菌开发的意义………………………………………（95）
　第三节　推进我国食用菌产业开发………………………………（99）

第七章　国外微生物产业发展的借鉴与启示………………………（107）
　第一节　微生物组研究概述………………………………………（107）
　第二节　国外微生物产业发展的主要做法和经验………………（118）
　第三节　发达国家微生物产业发展对我国的启示………………（121）

第八章　我国农业微生物开发重点与战略对策……………………（124）
　第一节　农业微生物的发展目标和重点领域……………………（124）
　第二节　农业微生物开发利用战略与对策………………………（128）

参考文献………………………………………………………………（136）

后记……………………………………………………………………（139）

第一章 "三物"思维概说

第一节 "三物"思维的概念

党的十九大报告强调要坚持新发展理念,坚定不移贯彻"创新、协调、绿色、开放、共享"的发展理念,坚定走生产发展、生活富裕、生态良好的文明发展道路。实施乡村振兴战略,加快推进农业农村现代化,必须转变农业农村发展的观念,坚持绿色发展理念。我国要实现农业绿色发展的战略目标,就要向地球生物圈学习——植物生产、动物消费、微生物分解还原,形成循环往复、生生不息的农业生态循环系统。在发展理念上,必须变"二物"思维为"三物"思维。

一、"三物"思维的概念

(一)什么是"三物"思维

"二物"指的是植物和动物,"三物"指的是植物、动物和微生物。在农业生态循环系统中,微生物不可缺少。自然界中有10万种以上微生物,广泛存在于空气、水、土壤及各种物体中,在动植物体、人体表面及其与外界相通的腔道中也广泛存在。从宏观上看,自然界的物质循环是依赖微生物来进行的,土壤中的微生物通过腐败和发酵作用,将动植物蛋白转化为无机含氮化合物以供植物生长,根瘤菌能固定空气中游离的氮气为植物所利用,而植物成长后可再被人类和动物所利用。由此可见,微生物在自然界氮元素的循环过程中起着重要作用,如果没有微生物,植物将不能进行代谢,人和动植物将难以生存。

从农业发展过程看,农业发展至今经历了三种业态,即原始农业、传统农业、现代农业。原始农业就是刀耕火种的农业。传统农业是利用植物、动物资源的"二物"农业,人类主要是依靠动物、植物获取食物,来满足人类正常的物质生活需要,微生物虽然也被人类开发利用,如生产中利用农家肥,生活中酿造酒、醋、酱油等,但在生产中远远没有受到重视。随着石油工业的出现,农业发展进入了现代农业阶段。农业生产大量使用机械、化肥、农药与除草剂,极大地提高了粮食单产和劳动生产率。但与此同时,传统农业生态循环链被打破,带来了农业资源承载超限、环境污染、耕地退化、土壤板结、作物病虫害加重、生态条件恶化与农作物品质下降等不良后果,使农业的可持续发展陷入困境。在此情况下,必须抛弃传统的"二物"思维,建立"三物"思维,尤其要把微生物加入到农业生态系统中,修复被破坏的农业生态系统,重构农业农村发展的新模式。

由此可见,"三物"思维就是在绿色发展理念指导下,运用现代生态学原理,把植物、动物和微生物放在同等重要的位置进行开发利用,构建平衡的农业生态循环系统,促进农业走上绿色、生态、循环、高效的发展道路,建立起人与自然和谐共生的发展格局。

(二)"三物"思维的特点

1. 具有完整的生态系统性

农业的本质是开发利用生物资源。有史以来,人类农业活动主要集中在植物和动物领域,虽然对微生物也有所利用,如食用菌的采集、制酒酿醋等,但多处于自然状态。植物、动物只是农业生态系统的两环,无法形成完整的生态链条,只有坚持"三物"思维,把植物、动物与微生物统一起来,才能构成一个完整的生态链条,维持农业可持续发展。完整的生态系统既包括有机物的生产者,也包括有机物的消费者,还包括剩余有机物的分解者,即能够通过光合作用制造有机物为自身和生物圈中的其他生物提供物质和能量的生产者(主要是绿色植物),通过捕食和寄生关系在生态系统中传递能量的消费者(主要是各种动物),将动植物残体中有机物分解成无机物的分解者(主要是微生物)。

2. 现代农业的新使命

长期以来,由于受制于科技发展的局限,农业发展只能在植物与动物的"二物"思维的"中观"世界里打转,长期只重视研究、开发与利用植物和动物。尽管人类对微生物的开发利用已经经历了很长一段时间,但是对微生物的研究利用依然不多,

"二物"思维已经使农业发展陷入困境。"三物"思维针对"二物"思维的不足,重视微生物资源开发,补足微生物开发的"短板"。研究认为,微生物资源开发利用领域广阔,潜力巨大,既可以开发微生物肥料、微生物饲料、微生物燃料,又可以开发微生物食品、微生物药品,还可以开发微生物清洁剂。"三物"思维重视研究、开发与利用微生物,修复被破坏的农业生态平衡,是促进农业生产发展的关键。因此,从"二物"思维向"三物"思维转变是农业发展的新使命。

二、"三物"思维的理论逻辑

"三物"思维是农业绿色发展理念的具体体现。绿色发展理念是破解我国"十三五"时期发展难题、厚植发展优势的关键。坚持绿色发展,即必须坚持节约资源和保护环境的基本国策,坚持可持续发展,形成人与自然和谐发展的现代化建设新格局。从"十三五"时期发展目标来看,"三物"思维恰好与绿色发展理念契合。

从生态学角度来看,农业的可持续发展需要一个平衡的农业生态环境。也就是说在特定的时间内,农业生态系统内的结构和功能需要相对稳定,物质与能量的输入输出接近平衡,在受到一定强度的外来干扰时,能够通过自我调节恢复到最初的稳定状态。为了建立这样一个平衡的农业生态系统,农业发展的思路急需从"二物"思维转变到"三物"思维,即农业生产从重视"动物、植物"转变到"植物、动物与微生物"三物并重,才能构建一个相对动态平衡的农业生态系统。

(一)"三物"思维的农业生态系统

一个平衡的农业生态系统一般由生产者(绿色植物)、消费者(动物)、分解者(微生物)组成,当然还包括一些无生命物质,比如各种无生命的无机物、有机物和自然因素(如土壤、空气、水)。这几个部分组成农业生产的有机整体,各司其职,在一定条件下维持着相对的动态平衡,其组成成分与相互关系如图1.1所示。

对于农业生态循环系统来说,各组成部分不可缺少,如果缺少其中某一组成部分,生态循环系统就会失去平衡,继而遭到破坏,将对农业生态造成不可挽回的损失,甚至对人类生产生活造成不可估量的损失。生态循环系统主要组成部分的职能如下:

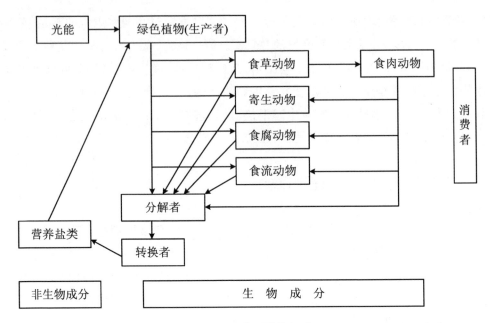

图 1.1 生态系统的组成

1. 生产者

生产者是农业生态循环系统中的主要组成部分之一,它们是能以简单的无机物制造食物的自养生物,包括大量的植物、光合细菌和化能合成细菌,是农业生态系统能量输入的关键因素,也是生态循环系统成分中最基本的构成要素。生产者的数量、稳定性、生产力,都直接影响着农业生态系统的功能稳定和生产力高低。

2. 消费者

消费者是农业生态循环系统中重要的一环,它们是直接或间接依赖于生产者所制造的有机物的生物,又被称为异养生物。根据消费者获取营养的方式不同,可把它们分为植食动物(草食动物)、肉食动物(一级肉食动动、二级肉食动物、杂食动物)。消费者对农业生态系统具有重要的调节作用和稳定功能。

3. 分解者(还原者)

分解者是农业生态循环系统中不可缺少的重要组成部分,它们都是异养生物,以动物、植物的残体和动物的排泄物为食,包括细菌、真菌和某些营腐生生活的原生动物以及小型土壤动物。分解者在农业生态循环系统中,不断地把复杂的有机物逐步分解为简单的无机物,并把无机物归还于环境中,再被生产者利用,进而形成一个良性的自然生态循环体系。分解者在营养物质循环、废物分解和土壤肥力形成过程中起着重要作用。

4. 无生命物质

无生命物质主要指农业生态系统中的各种无生命无机物、有机物和各种自然因素(如土壤、空气、水等)。

以上四个部分构成了一个有机的统一整体,相互之间沿着一定的路径,不断进行着物质与能量交换,保持着相对平衡状态。从农业生态循环体系看,生态系统中生产者(植物)、消费者(动物)与微生物(分解者)相互联系,紧密结合,缺一不可。如果在农业生态循环系统中没有分解者,不仅自然界中的动物、植物的残体与动物的排泄物无法降解,导致排泄物堆积成山,自然生态环境遭到严重污染,而且生产者(植物)也得不到必需的能量和物质,整个生态链条的功能稳定性和生产能力将受到损害,严重影响人类的生产生活。

(二)微生物在生态循环系统中扮演的角色

在农业生态循环系统中,微生物是重要的组成部分,在多个方面对生态循环系统发挥重要作用。

1. 微生物是生态体系中有机物的主要分解者

微生物最大的价值在于其所具有的分解功能,它们分解生物圈内存在的动物、植物和微生物残体等复杂的有机物,并将这些复杂的有机物转化为简单的无机物,供初级生产者利用。

2. 微生物是物质循环中的重要成员

微生物参与所有的物质循环,大部分元素及其化合物都受微生物的作用。在某些物质的循环中,微生物是主要成员,发挥着主要作用;而某些过程只有微生物才能进行,微生物发挥着独特作用,甚至在某些循环中起着关键作用。

3. 微生物是生态体系中的初级生产者

光能营养和化能营养微生物是生态系统的初级生产者,它们具有初级生产者所具有的两个明显特征,即可直接利用太阳能、无机物的化学能作为能量来源,另一方面这些微生物积累下来的能量又可以在食物链、食物网中流动。

4. 微生物是物质和能量的储存者

微生物和动物、植物一样,也是由物质组成和由能量维持的生命有机体。在土壤、水体中有大量的微生物,储存着大量的物质和能量。

（三）微生物在农业生态系统中的作用

从农业生态循环体系可知，微生物是生态系统中的分解者，是生态循环系统中的重要一环，在农业生态系统中的作用极为重要。微生物能够分解动植物尸体，使营养物质再循环，为生产者源源不断地提供营养物质，并稳定和提高土壤有机质含量，改善土壤的理化性状。同时，充分利用微生物的生态特性，可以开发出人类生活需要的各种有机产品。

一是微生物资源十分丰富，许多微生物资源有待调查和开发。具有特殊生理功能和特殊基因的微生物是国家重要的生物资源，这些微生物的开发和利用对农业生产的作用重大，对保护自然生态环境、维持生态平衡有重大意义，如微生物食用菌、微生物农药、微生物有机肥料等。

二是微生物参与自然界元素的物质循环、转化、分解，对保持自然界的生态平衡极为重要。微生物参与C、H、O、N、P、S、Fe等物质的转化和循环，某些微生物在纤维素降解、氮气固定和某些特殊化合物的分解中起着独特的作用。微生物还能够在特殊环境下生存繁衍，对保持特殊环境（如低温、高温、强酸、强碱、高渗透压、高辐射等）下的局部生态平衡具有重要的意义。更重要的是，这些微生物在发酵工业、环境保护和日常生活中也发挥着重要的作用。

三是微生物保持着土壤环境的生态平衡。通过微生物对土壤中的动植物残体进行分解，可以提高土壤的肥力，促进农作物的生长，对抗病原菌的侵入和提高植物产量。在农田中，微生物还用于污水、农作物秸秆、有机垃圾等废弃物的转化和净化。同时，微生物还可以降解农药，分解有害物质，对保护和修复农田自然生态环境的作用重大。目前我国土壤已受到严重破坏，环保部2014年的调查公告显示，我国受污染的耕地约有1 000万公顷，固体废弃物堆存占地和毁田13.33万公顷，耕地退化面积占耕地总面积的40%以上，土壤有机物质含量下降，严重影响了耕地产出，保护土壤刻不容缓，使用包括微生物修复技术在内的土地修复技术恢复土壤生态平衡迫在眉睫。

四是微生物的比表面积大①，代谢分解污染物能力强。微生物虽然单个个体小，但是具备强大的比表面积，生理生化功能多种多样，代谢能力很强。利用微生物净化污染物，不加剧环境污染，不影响动植物的生长发育，可避免二次污染或污染物转移，能大幅度降低污染物浓度，使污染物在原地就能被降解清除，具有费用

---

① 比表面积是指单位质量物料所具有的总面积，单位是 m^2/g；另外一种定义是：面积/体积。

低、易操作、周期短、对环境干扰少等优点,应用前景十分广阔。

五是控制人、动物、植物病原菌的生长和扩散。自然界中有许多微生物是人、动物和植物的病原菌,有些微生物在生长和代谢过程中产生毒物或改变自然条件,不利于生物的生长和生存,这样的微生物应设法控制它们的生长和扩散。

六是为环境医学和环境保护提供研究的理论根据。开展对微生物降解污染物途径、降解程度和降解速率的研究,可以认识许多环境污染物或微生物转化某些污染物产生的一些中间产物对人体和生态平衡的危害,某些代谢中间产物可能导致人体细胞癌变。

总之,微生物在农业生态系统平衡中具有重要的生态学意义。微生物作为主要的分解者,维持了农业生态系统中生产和分解过程之间的平衡,生产与分解的动态平衡使农业生态系统中的物质周而复始、不断循环。

三、"三物"思维的科技基础

现代科学技术的发展,为生物学的发展创造了空前的有利条件,基因工程、细胞工程、酶工程等多项生物技术得到深入发展,微生物技术在农业领域的应用越来越普遍。近百年来,人类的农业活动逐渐从"中观"世界分别向着宏观世界和微观世界两端延伸。在宏观世界里,有太空种子、太空种植、火星地球化等探索。在微观世界里,微生物的开发利用已经形成微生物肥料、微生物饲料、微生物能源燃料、微生物食品、微生物药品和微生物清洁剂六大领域。虽然技术上已不存在问题,但微生物利用的社会认知度却还远远不够。因此,变植物、动物的"二物"思维为植物、动物、微生物的"三物"思维是农业发展的新理念、新使命、新领域。

我们应利用"三物"思维中的微生物技术,建立起一个结构有序、内外交流、开放循环与协调发展的农业生态系统。在微观层面上,微生物可以利用多层次的物质循环与综合利用,进一步提高能量转换和物质循环效率。如微生物可以利用植物做载体,对秸秆、树叶及稻草等植物进行加工处理,生成微生物饲料喂食牲口,牲口的粪便又可以为植物提供养份或饲养动物,之后还可以将所生产出的动植物再喂食其他种类的生物。因此,利用微生物技术,可以把农作物秸秆等废弃物"点草成金",把畜禽粪便"点粪成金",而这项技术本身则是"点废成金"。且它具有"六不争"的特点,即不与人争粮,不与粮争地,不与地争肥,不与农争时,不与农产品争市场,不与其他产业争资源。

另外,微生物种类繁多、数目庞大,广泛分布于水、空气、土壤、动植物体内或体表,而且微生物主要以腐生、自养或营寄生方式存在,使得微生物与人类生产生活具有密切关系。虽然一些微生物的存在易使人类及动植物受到一定损害,但是自然界中大部分的微生物是有益的,特别是在生物技术不断发展的今天,可以充分利用生物技术让微生物为人类生产生活服务。如开发微生物有机化肥可以减轻农田重金属污染;研制微生物杀虫剂、抗细菌制剂等微生物试剂代替传统化学农药,可以减轻农田环境污染;加快开发微生物发酵床技术能够实现生态养殖,可以减轻养殖业环境污染,等等。从微生物科技在以上领域的运用看,微生物技术是现代农业、环保农业重要的依托,是推动现代农业的重要产业。可见,微生物在农业领域中发挥着非常重要、不可或缺的作用。

第二节　陷入困境的"二物"思维

二战以后,以石油机械为动力和以石油原料为主要投入品的农业模式,逐步替代了传统的依靠人力、畜力和农家肥的传统农业,被形象地称为"石油农业",也就是把农业发展建立在以石油、煤和天然气等为能源和原料的基础上。以美国为代表的以高投资、高能耗方式经营的大型农业,迅速成为全球农业发展的主要模式。石油农业的出现,使农业生产同农产品加工、销售以及农业生产资料制造、供应之间的联系日趋紧密,化肥、农药、塑料地膜等产品成为农业的必需投入品,机械作业、机械喷灌、粮食烘干以及各种运输形式的出现,大大提升了农业生产力水平,农业的专业化、社会化程度大幅提高,农产品产量大幅提升,全世界养活了比原来预期多10亿以上的人口。

这种以高投入和高消耗为特征的"石油农业",尽管在提高农业生产率方面发挥了积极作用,但已逐步暴露出一系列问题,特别是对自然资源的掠夺式开发,使农业生产所依赖的生态环境恶化,资源承载力超负荷,动植物之间的生态循环链条中断,从根本上制约了农业生产的可持续发展。

一、资源承载力超负荷

我们所依存的生态环境资源承载力是有限的。当人类的活动控制在一定范围内时,生态环境资源可以通过自我调节和完善来不断满足人的需求,但超过一定的限度时,整个系统的调节能力就会出现故障,甚至崩溃。农业主要有三大系统,分别是耕地农业、草地农业和捕捞农业,目前我国这三大系统资源承载力已经超限。

1. 种植系统

就种植业来说,目前我国最大的问题就是土地问题。一是耕地资源的数量在减少。改革开放以来,有2 000多万公顷耕地被城市与工业占用了。2011年至2015年,全国耕地资源净减少26.67万公顷。我国人均土地占有面积只是美国的1/13、加拿大的1/18。连发展水平比我国低的印度,人均土地占有面积都比我们多,是我国的1.2倍。二是耕地的质量在下降。我国作为农业大国,虽然年综合粮食产量稳中有升,但剥离掉人工肥力作用,依靠自然肥力产出的粮食在逐年下降。据国土资源部公报,2015年我国耕地质量等级中,中等及以下的占到70.5%。土地自然力衰减,未来粮食安全存在巨大风险。

以安徽省为例,安徽省耕地面积总体呈下降趋势,其中2001年至2012年,耕地面积减少了19.2万公顷,平均每年减少1.74万公顷。相对应的人均耕地面积由新中国成立初期的0.183公顷下降到2000年的0.067公顷。预计到2020年,人均耕地面积将继续下降到0.057公顷,人地关系将更为紧张。人均耕地面积的持续降低又导致了耕地利用强度的增大。安徽省目前农田复种指数达2.0~2.8,而全省中低产田面积占耕地总面积的46.55%。土壤基础生产力的下降造成了土地报酬的递减,已成为困扰农业生产的主要问题。随着社会经济的迅速发展,各类非农业建设用地占用耕地的现象仍将存在,而安徽省目前未利用土地仅24.3万公顷,且只有5%适宜于耕种,耕地后备资源匮乏,压力日趋增大。

2. 草地系统

就草地系统来说,我国拥有各类天然草地4亿公顷,约占国土面积的42%。目前,90%的天然草地存在不同程度的退化,且每年以200万公顷的速度递增,其中严重退化草地有1.9亿公顷。

造成草原生态恶化的主要原因是超载过牧。如四川省甘孜州,牧草产量已从20世纪80年代的4 200千克/公顷,降至目前的2 970千克/公顷。天然草地退化面积已达653.25万公顷,占全州草地面积的78.1%。其中,鼠虫害化草地194.3万公顷,占23.2%;草原沙化11.39万公顷,占14%;其他原因导致退化447.56万公顷,占53.5%。因草地退化而损失的牧草达600万吨以上,相当于328万个羊单位牲畜的年采食量。北部草原平均超载率已超过36%。未休牧草原的生产能力急剧下降,和1960年相比草产量下降了1/3~2/3。人为破坏草原的事件时有发生,在某些地区,非法放牧、草原勘探、滥征滥用、非法采挖依然存在,个别地区问题特别严重。草原地区贫困人口众多,新疆贫困人口率约为 41%,青海为 35%,内蒙古为 18%。为脱贫致富,牧民养殖更多的牲畜,导致草地过牧,造成生态环境的持续恶化。反过来,草地退化进一步加剧了牧区的贫困状况,形成草地生态恶化和贫穷的恶性循环。

草地严重退化及沙漠化严重影响了中国近 1/4 人口的生存,每年造成的经济损失超过 540 亿元。草场退化,不仅直接影响到牧民的生产生活和牧区的经济发展,而且造成水土流失、江河泥沙淤积、沙尘暴迭起等一系列严重的生态环境问题。

3. 捕捞系统

就捕捞系统来说,目前我国乃至全世界的海洋渔业资源均在衰退,海洋捕捞业面临的危机日趋严峻。20 世纪 70 年代后,我国海洋捕捞业迅速发展,海洋捕捞产量大幅度增长。也正是由于捕捞力量的不断增加,出现了过度捕捞现象并日趋严重。中国近海中几乎所有经济价值较高的渔业生物种类均遭受了或正在遭受着过度捕捞,大多数渔业生物的生物量均降至非常低的水平。如渤海渔业捕捞强度已超过其资源再生能力,渤海渔业资源全年可捕捞量应在 30 万~50 万吨,但近年来渤海渔业产量已在 130 万吨以上,直接导致渤海海域渔业生产呈现逐年萎缩态势。由于过度捕捞和环境恶化,一些主要的渔业种群出现数量急剧下降甚至濒临灭绝的现象,如我国海洋底层鱼中的重要传统鱼种大黄鱼、小黄鱼、带鱼等产量已大大下降,有的鱼种如中国对虾等已濒临灭绝。

二、生态环境恶化

为了达到高产高效的目标,对农田过量使用农药、化肥、除草剂以及对动物过量使用抗生素的现象越来越多。现在生态环境面临的污染越来越严重,特别是江河湖海等的富营养化等问题。2007 年五六月间,江苏太湖爆发了严重蓝藻污染,造成无锡全城自来水污染,生活用水和饮用水严重短缺,超市、商店里的桶装水被抢购一空。该事件主要是由于水源地附近蓝藻大量堆积,厌氧分解过程中产生大量的 NH_3、硫醇、硫醚以及硫化氢等异味物质污染水体而致。太湖的蓝藻事件给当地的经济与生态带来了巨大的破坏,地表水的污染也到了十分严重的地步。据有关方面调查,目前在地表水中可以测出 68 种抗生素及 90 多种非抗生素类的医药成分。中国每年生产的抗生素达 21 万吨,年人均消费 138 克,而美国只有 13

克,中国是美国的10倍左右。在这种生态环境中从事农业生产,产品质量必然大受影响。

(一)化肥、农药的过量使用

在人多地少的基本国情下,我国农业走上了严重依赖化肥、农药的发展模式。中国近年化肥年使用量约5 460万吨。从1980年至2008年,我国耕地面积减少了至少0.1亿公顷,粮食产量从3.25亿吨增长到5.29亿吨,但氮肥消费量却从1 118万吨增加到3 292万吨。目前我国化肥施用量平均每公顷达435千克,是安全上限的1.9倍,但利用率仅40%左右。我国还是世界上最大的农药生产国和使用国,单位面积化学农药的平均用量比世界平均值高2.5至5倍。农药中的环境雌激素进入机体后,能够模拟或干扰机体内天然雌激素的生理作用,影响人类健康。目前我国具有环境雌激素活性的农药有40余种,其中杀虫剂占较大比例,在部分杀菌剂、除草剂中也存在。中国以占全球7%的耕地,消耗了全球35%的氮肥,直接导致中国高达90%的农田土壤发生了不同程度的酸化现象。化肥、农药投入量的多年增长,除了引发土壤板结、土壤基础地力下降等问题,还造成严重的面源污染,引起地表水和地下水污染。2009年,对北京、辽宁、吉林、上海、江苏、海南、宁夏和广东等8个省(区、市)641眼井的水质分析表明,水质为Ⅰ类、Ⅱ类的占2.3%,水质为Ⅲ类的占23.9%,水质为Ⅳ类、Ⅴ类的占73.8%,这些地下水污染与农业面源污染关系密切。

(二)畜禽粪便污染严重

在农户家庭分散小规模养殖条件下,畜禽粪便大多作为有机肥还田,自然消纳。随着规模养殖的发展,有的配套处理设施不到位,造成养殖场附近污水横流、污染加剧。据《第一次全国污染源普查公报》,2007年我国畜禽养殖业粪便产生量为2.43亿吨,尿液产生量为1.63亿吨。当年全国畜禽养殖业主要水污染物排放量分别为:化学需氧量1 268.26万吨,约占农业总排放量的80%;总氮为102.48万吨,总磷为16.04万吨,占农业总排放量的比例均超过了50%;铜为2 397.23吨,锌为4 756.94吨,占农业总排放量的比例超过了90%。大量高浓度畜禽养殖污水直接排入江河湖泊中,导致水体严重富营养化,同时造成饮用水安全问题。此外,畜禽粪便在微生物的作用下,产生大量有害恶臭气体,严重影响空气质量。

(三)农作物秸秆浪费污染严重

2015年,全国主要农作物秸秆理论资源量为10.4亿吨,可收集资源量为9亿吨,利用量为7.2亿吨,占秸秆可收集量的80%。秸秆类型主要为水稻、小麦和玉米秸秆等。其中,水稻和小麦秸秆约占秸秆总量的42%;玉米约占30%;棉花约占3%;油料作物约占5%,主要是油菜和花生;豆类约占3%;薯类约占2.7%。按照秸秆产量的多少排序,玉米最多,水稻其次,小麦第三,之后分别为油料作物、豆类、棉花以及薯类作物。

在传统的中国农业社会中,农作物秸秆作为农村生活燃料、生产肥料、牲畜饲料被加以利用。其中,生活燃料利用是农作物秸秆主要的利用方式。近年来,随着农业生产方式转变和农村生活条件改善,农作物秸秆直接作为生活燃料和饲料的比例大幅度减少。由于农业生产具有午秋两季时间跨度紧、抢种抢收的特点,为尽快播种下一季作物,农民往往将田间堆积的大量秸秆一烧了事,不仅影响空气质量、危害居民身体健康,还影响了机场和高速公路的通行安全,严重影响大气环境。

按营养成分测算,秸秆含有丰富的营养物质,4吨秸秆的营养价值相当于1吨粮食,可为畜牧业持续发展提供物质保障。按热值测算,2吨秸秆相当于1吨标准煤,是农村很好的生物质能源。此外,秸秆纤维还是一种天然纤维,生物降解性好,可替代木材用于造纸、生产板材、制作工艺品、生产活性炭等,可节约大量木材,从而保护宝贵的森林资源。秸秆随意抛弃、焚烧,是对能源的极大浪费。

(四) 塑料农膜残留污染严重

我国农膜产量居世界首位,年产量达100万吨,且正以每年10%的速度递增。塑料农膜对促进农业增产增效起到了重要作用,但大量农膜残留在土壤中不能降解,带来一系列后遗症。残留的农膜正逐步加重土壤质量退化,碎片化的地膜在土地中难以分解,持续增多的残留农膜阻断了土壤层,致使土壤透气性、吸水性不断减弱,地表水渗透速率下降,地下水分难以有效上升到地表,土壤墒情持续恶化,土壤板结、盐碱化成为不可逆转的趋势。部分种子播种后被包裹在农膜中,无法呼吸,接触不到土壤养分而无法发芽生长,部分嫩芽会因为塑料农膜所具有的保温性而被灼伤,部分农作物根苗不得不绕过农膜阻挡而弯曲生长,严重影响了农作物的正常生长,减产减收成为必然。部分残留农膜被风吹散进入自然生态系统,在自然环境中四处飘散,影响环境美观的同时也严重危害自然生态。新疆每公顷土地地膜使用量高达177千克。据估算,我国每年约有50万吨农膜残留于土壤中,对土壤的污染影响持久而严重。

（五）农村垃圾、污水增加

农村地区大多数垃圾没有有效回收和集中处理，危害农村生活环境。随着农村生活水平的提高，人均生活用水量也不断增加，在一些人口居住较为集中的地区，特别是乡镇集市，生活和生产污水排放量日益增加，对地下水和地表河流的污染日趋严重。全国农村每年产生生活垃圾约2.8亿吨、生活污水约90多亿吨、人粪尿约2.6亿吨，绝大多数没有处理便随意排放到自然环境中。

（六）抗生素滥用

抗生素是临床上常用的一类药物。自1928年弗莱明发现抗生素后，它就一直被各国广泛应用于各类感染性疾病的治疗中。但随着抗生素的广泛使用，细菌的耐药性也在不断增加，从而给疾病的临床治疗增加了难度。另外，由于抗生素具有疗效确切、应用简单等优势，部分医生盲目追求临床疗效，经常是能静脉注射就不肌内注射、能肌内注射就不口服给药，使得抗生素的滥用情况愈演愈烈，"超级细菌"不断出现。

临床资料显示，儿童是最易受到细菌感染的人群，他们接受抗生素治疗的机会几乎是其他年龄组的3倍以上，儿童的耐药性也就最为明显。不分原因、不分场合地滥用抗生素，让儿童经常地、重复地接受抗生素的治疗，将导致儿童免疫力下降，体内耐药菌株增长，使得儿童对常见的药物产生严重的耐药性。

三、动植物之间的生态循环链条中断

传统农业遵循的是一个封闭的内循环：农作物种出来，种子给人吃了，根、茎、叶喂牲畜，人、畜粪便又回到田里作为农作物的肥料。我们的传统农业生产就是在这样的一个循环体系中缓慢地向前发展着。现代农业打破了这样一个封闭的内循环，注入了两个外力：一个是从石油中提炼的农药、化肥，另一个是机械代替了人力、畜力。

化肥也称无机肥料，包括氮肥、磷肥、钾肥、微肥、复合肥等，具有成分单纯、养分高、肥效快、肥劲猛的特点。化肥施用后，一部分被农作物吸收，其余部分进入空气、渗入土壤和溶入水中。在传统农业遵循的内循环中，人、畜粪便作为肥料，经土壤中的化学物理作用和微生物的发酵、分解，养分逐渐释放，重新被植物吸收。化肥的使用大大减少了原来内循环中人、畜粪便的使用量，同时，化肥的长期施用会造成土壤板结、有机质缺乏、水体富营养化、硝酸盐在作物中积累、污染地下水等危害。农药的频繁使用,会使各种害虫的抗药性逐渐增强,导致农药的使用次数和浓度不断增加,农药的使用也会使害虫的天敌和益虫数量急剧减少,生态系统的自然平衡被打破,形成生态系统食物链恶性循环。现代农业注入这两个外力之后整个内循环链条被打破,生态循环链条中断,农业就出现了许许多多的问题,不止是生态环境恶化,土地质量也在严重下降,等等。

第二章 点石成金的"三物"思维

近一万年内,人类从事农业生产主要致力于利用生物中的植物和动物。随着生物科学技术的发展和应用,农业已经能够规模化地生产蕈菌类和酒类、醋类等微生物食品,工厂化地生产微生物饲料、微生物肥料、微生物能源、微生物保健和医药产品等,微生物的开发利用开始进入一个新的阶段。这不仅使农业生产的边界范围扩大、产品数量增加,更重要的是人们思考农业发展的维度正在由"二物"思维转变为"三物"思维,以新的发展理念指导农业,重视农业资源的永续循环利用,促进绿色发展。这也是实施乡村振兴战略的重要内容。"三物"思维犹如魔术师手中神奇的魔棒,发挥着点石成金的作用。

第一节 点废成金:实现废弃资源无害化利用

废弃物处置得当将成为巨大的财富金矿,能产生巨大的社会和经济效益,但处理得不好也会造成严重的环境污染问题和巨大的资源浪费。实施乡村振兴战略,实现"产业兴旺、生态宜居、乡风文明、治理有效、生活富裕"的总要求,就必须重视农业废弃物资源的开发利用。运用"三物"思维指导农业废弃物资源化利用,将兴利除弊,变废为宝,造福乡村,使农业既能生产出丰富的物质产品,同时也能呈现出天蓝、水绿、山青的环境之美。

一、农业废弃物现状

农业废弃物是在农业生产过程中所产生并丢弃的有机类物质的总称,包括农林生产过程中产生的植物秸秆,未被人们利用的根、茎、叶等残余类废弃物,牧业、渔业生产过程中产生的病死动物尸体、羽(皮)毛,弃之不用的内脏,各类动物的排泄物等动物类残余废弃物以及食用菌栽培废料等,农产品加工过程中产生的加工类残余废弃物(如甘蔗渣、屠宰污血和污水等),农业生产中的地膜、试剂瓶、农业温室气体等,以及农村居民生活垃圾和废旧物品等。

(一)农业废弃物的分类

按照其来源不同,可以把农业废弃物分为四大类:一是种植业废弃物,主要包括农作物秸秆、蔬菜残体、果树和林木枝条、杂草、落叶以及果实外壳等,植物产品加工过程中的剩余物如豆渣、果渣等以及林产品加工过程中产生的锯末、边角废料等;二是养殖业废弃物,主要是畜禽粪便和栏圈垫物、病死的动物尸体、废饲料、散落的毛羽、屠宰污血等废弃物;三是农用塑料薄膜;四是农村居民生活中的废弃物,包括厨房剩余物、一次性用品废弃物、包装废弃物、废旧衣服鞋帽等。

从形态上可以将其分为固态、液态和气态三类。从农业废弃物的特性角度,可以将其分为植物性纤维废弃物和动物性废弃物两大类。也有学者从利用的角度将农业废弃物划分为资源性农业废弃物和非资源性农业废弃物。

(二)我国农业废弃物的数量

目前我国每年产生的畜禽粪污总量达到近40亿吨,综合利用率不到60%;每年生猪病死淘汰量约6 000万头,集中进行专业无害化处理的比例不高;每年产生秸秆近9亿吨,未利用的约2亿吨;每年使用农膜约200万吨,当季回收率不足2/3。农村居民生活中还产生大量厨房剩余物、包装废弃物、一次性用品废弃物、废旧衣服鞋帽等。另外,农村还有数量较多的建筑垃圾、混凝土渣、燃料灰分等。这些未实现资源化利用和无害化处理的农业废弃物,乱堆乱放,随意焚烧,给城乡生态环境造成了恶劣影响,给环境管理和资源利用带来极大挑战。

(三)农业废弃物的特点

与城市废弃物相比,农业废弃物主要表现出以下几个特点:一是农业废弃物包含的内容越来越多,传统的动植物生产和人们日常生活中产生的废弃物总量增加很快,发展农村工业和服务业等产生的废弃物数量也与日俱增。二是农业废弃物产生受季节变化影响较大,呈现出一定的季节性变化规律,一般来说秋天所产生的农业废弃物最多。三是农业废弃物构成比较复杂,不同区域的农业废弃物种类不同,废弃物成分复杂化、种类多样化,降解难度越来越大。四是在物理技术性质上,普遍具有表面密度小、韧性大,抗拉、抗弯、抗冲击能力强的特点。五是种植业废弃物干燥后对热、电的绝缘性和声音吸收能力较好,具有较好的可燃性。

二、农业废弃物的危害

(一)植物秸秆的危害

秸秆长期露天堆放会产生病毒、病菌等,从而污染环境。未经处理的秸秆简单还田,秸秆转化滋生的微生物可能与农作物争夺养分,甚至造成农作物黄苗、死苗等;秸秆中的虫卵、带菌体等直接埋入土壤,增加了病虫害发生的可能性。

秸秆在田间焚烧除了破坏土壤结构、可能引发火灾外,还容易污染环境、造成交通事故。秸秆焚烧时产生大量的二氧化硫、二氧化氮和可吸入颗粒物,当这些气体和可吸入颗粒物达到一定浓度时,轻则造成咳嗽、胸闷、流泪,严重时可能导致支气管炎发生;焚烧产生的烟雾和可吸入颗粒,会增加雾霾天气的发生概率,破坏生态环境。大气中二氧化硫浓度高,易形成酸雨等气象灾害。再者,焚烧秸秆形成的烟雾,造成空气能见度下降,直接影响民航、铁路、高速公路的正常运营,易引发交通事故。

(二)动物废弃物的危害

畜禽废弃物其成分极为复杂,含有 200 多种有毒有害恶臭气体以及各种重金属及矿物元素等,还可能含有各种抗生素、寄生虫等。动物废弃物腐烂产生的有毒、有害恶臭气体可被人畜黏膜、结膜等部位吸附,引起结膜和呼气系统黏膜充血、水肿乃至发炎,甚至可导致机体呼吸中枢麻痹而死亡。如果人畜长时间处于这种被污染的环境中,将导致体质变弱、抵抗力降低,可诱发多种传染病。

动物废弃物在腐烂和分解过程中产生大量需氧腐败有机物,不经处理排入流动缓慢的水体中,能够引起藻类及其他浮游生物迅速繁殖,水体溶解氧量下降,水质恶化,导致鱼类及其他水生生物大量死亡。

病死动物不作无害化处理,极易造成重大动物疫病和人畜共患病如炭疽、结核、狂犬病等的扩散蔓延,特别是病死动物流入市场后,会直接危害人们的身体健康。有些禽畜可能因吃了被剧毒农药污染的饲料而中毒死亡,人如果吃了这种死畜禽,同样也有可能中毒,甚至造成死亡。

(三)塑料薄膜的危害

农用塑料薄膜的主要成分为聚乙烯,这种材料性能稳定,在自然环境中很难被自然光解和生物分解。数量较多的废弃塑料制品对美丽乡村建设和乡村振兴发展造成非常大的消极影响。塑料薄膜的残留不仅造成白色视觉污染,而且土壤中的塑料薄膜残留过多时,会使土壤孔隙减少,土壤通气性和透水性降低,影响水分和营养物质在土壤中的传输,影响农作物生长发育,造成农作物减产。

(四)生活废弃物的危害

生活废弃物中可能含有毒有害的物质,如废旧电池内的汞、铅、镉、镍等重金属及酸、碱等电解质溶液,废弃农药瓶内的残留农药,废弃兽药瓶内的残留兽药等,渗透进入土壤,污染地下水,进而进入鱼类身体及农作物和草场植被体内,破坏人类生存环境,通过食物链的富集和放大作用严重危及人类健康。随着时间推移,混合废弃物腐烂、发臭以及发酵,不仅会释放出危害人体健康的气体,而且滋生蚊蝇、老鼠和病原体,使得人畜容易受到感染病菌侵蚀导致疾病广泛传播;还会导致水源被污染,直接威胁人畜饮水安全。废弃物随意堆放、简单填埋会占用大片土地,对土壤造成严重的污染和潜在危害。

三、农业废弃物利用

农业废弃物中蕴含着丰富的能源和营养物质,是一类具有潜在利用价值的农业资源。按照"三物"思维,农业废弃物经微生物发酵分解后,可以转化为饲料、肥料、沼气、生物乙醇等,实现农业废弃物的无害化和再循环利用,既能够解决废弃物污染问题,又能生产出价值极高的微生物农产品,是废弃物资源化利用的有效途径。农业废弃物资源化利用途径包括如下方面:

(一)用作饲料

农业废弃物含有大量纤维素类物质和各种蛋白质,经过微生物技术处理可用作畜禽渔业的饲料。种植业废弃物主要是作物秸秆类物质,其含有大量木质素、纤维素、氨基酸以及少量蛋白质,经过氨化、青贮、糖化、碱化以及微生物发酵等技术处理后,可转变为易于消化吸收的优质生态饲料,是生产生态肉畜的基础。

我国农作物秸秆通过微生物发酵工程变为饲料,可以获得相当于4 000万吨的饲料粮,相当于目前全国每年饲料用粮的1/2。微生物饲料制剂包括单细胞蛋白饲料、菌体蛋白饲料、饲用酶制剂等,混配在饲料中可起到帮助消化、促进生长以及提高畜禽自身免疫力、防病治病的作用。微生物饲料制剂由于可工厂化生产,效率高,且有利于保护环境,日益受到人们的重视。

(二)用作肥料

比较原始、简单的肥料化利用方法就是秸秆直接还田,即把秸秆、落叶等堆沤发酵后退还土壤。相对较科学的秸秆还田方法是堆沤发酵制作微生物生态有机堆肥,将农作物秸秆、人畜粪便等有机质废弃物碎化混合后添加微生物菌种堆成堆,在一定的温度、湿度等条件下进行有机物料发酵分解,经过必要的翻堆过程,最终形成营养成分丰富的微生物生态有机肥。农业废弃物作为肥料还田可以补充土壤有机质,提供氮、磷、钾等元素和作物生长所需的微量元素。此外,作物秸秆腐烂分解后能够增加土壤腐殖质,改善土壤理化性状。

(三)用作基质

适当处理后的农业废弃物可用作农业栽培和部分动物养殖的基质原料,如栽培食用菌和花卉,养殖高蛋白蝇蛆、蚯蚓等。种植业废弃物和养殖业废弃物经过粉碎、除臭、干燥等一些简单处理,就可作为基质原料。基质对植物起到支持和固定作用,并可为生长在其中(上)的动植物和微生物提供水分、空气、肥料或食料等营养成分。在组织培养中,组培苗、脱毒苗的炼苗及其移栽经常用到基质,如脱毒马铃薯、大花蕙兰、红掌等的炼苗。袋料栽培食用菌如平菇、香菇、金针菇、鸡腿菇等,使用的都是以农作物秸秆为原料的基质,不仅能提高菌类的产量和品质,其在作为培养基使用后还可用作优质的有机生态肥还田。

(四)制取沼气

以农业废弃物为原料在厌氧微生物作用下经发酵产生沼气,可以作为燃料用于做饭、照明、发电,农业废弃物用于生产沼气能够有效地利用废弃物的生物质能量。利用农业废弃物生产沼气燃料减少了二氧化硫和烟尘排放,有利于保护大气环境,改善农村环境卫生,创造良好的生态环境,建设美丽乡村。沼气成分除了甲烷外，还有25%～40%的二氧化碳。沼气中的二氧化碳经过净化后即可通入塑料大棚或植物工厂，促进植物光合作用，提高农产品产量和改善农产品品质。农业废弃物生产沼气后剩余的沼渣和沼液含有丰富的有机物质和腐殖质，是非常优质的有机肥料。

（五）用作发电

农业废弃物经收集及分类处理后，可对燃烧值较高的进行高温焚烧，从而把热能转化为高温蒸汽推动汽轮机转动，使发电机产生电能。对于不能燃烧的有机物，也可进行发酵、厌氧处理后产生沼气，再经燃烧，将热能转化为蒸汽推动汽轮机转动进而带动发电机产生电能。截至2016年年底，我国已投运和在建的农业废弃物发电项目年处理农业废弃物近9 000万吨，年产电力500亿千瓦时，节约标准煤2 000万吨，每年减排二氧化碳5 000万吨，环保收益很高。但目前我国农业废弃物总发电量在整个电力产出中占比还不到1%。

（六）用作材料

农业废弃物中含有多种蛋白质和纤维性资源，利用这些资源能够生产多种生物质材料和工业用途原料。作物秸秆可以作为纤维素薄膜、可降解餐具、人造纤维板、轻质板材等的原料，还可以制作编织物、装饰品以及工艺品，如玉米棒皮可制作成汽车坐垫靠背和床垫等。秸秆的表面密度小，韧性大，抗拉、抗弯、抗冲击能力强，是很好的工业材料，如稻壳可作为生产碳化硅陶瓷、氮化硅陶瓷的原料。有些农业废弃物还用来制药、制糖和酿酒，甚至可用来制造生物润滑油、生物塑料、生物洗涤剂和特殊纸类；棉秆皮、棉铃壳等含有酚式羟基化学成分，可以制成聚合阳离子交换树脂用来吸附重金属等。

综上所述，农业废弃物资源化利用以微生物为纽带，通过肥料化、能源化、基质化和饲料化等途径，把种植业、养殖业和人们生活的各方面都纳入到可持续农业发展系统中，进行资源循环利用，一方面将废弃物转化为资源，用最低的物资、能源消耗换取最大化的生态效益，有利于保护环境；另一方面，赋予了农副产品更高的生态附加值，进一步延长了农业生产的产品链与产业链，提升各类资源利用率，实现农业农村绿色发展。

第二节 创新科技：实现农产品工厂化生产

农产品工厂化是现代农业发展的重要标志，是振兴乡村产业的重要途径。农产品工厂化包括"植物工厂""动物工厂"和"微生物工厂"等形式，它不受自然因素制约，在相对可控的环境条件下，采用现代工业的生产方式进行动植物产品和微生物产品的常年不间断生产，具有稳定、高产、高效等特点，是传统设施农业的高级层次，是现代农业实现集约高效和可持续发展的必然趋势。

一、农产品工厂化及其意义

（一）有利于资源集约化利用

动植物农业生产最大的瓶颈是自然资源的约束。但是，农产品工厂化生产打破了这种资源瓶颈约束，通过生物技术与其他科技的综合应用，可以不受地域、季节限制，像生产工业品那样实行工厂化生产，以立体化的生产方式提高存量自然资源利用效率；农产品工厂化生产可以开发利用包括各种废弃物、沙滩荒漠、海洋乃至空间等"新资源"；还可以通过配方施肥、水肥一体化、精量施肥、精准灌溉等技术降低水、肥和农药等用量，提高投入品利用效率。同等种植面积下，植物工厂使用的肥料量只有传统种植方式的 1/25，还可以不使用农药，最大限度地保证产品的食用安全性。在植物工厂中，水和营养的利用效率可以高达 90% 以上，而在大田里 90% 以上的水分都被蒸腾到空气中，超过 60% 的化肥未被植物吸收。植物工厂可以在非耕地上生产，甚至可以在沙漠、戈壁、岛礁乃至建筑物顶部或地下室进行植物工厂化生产。中科院和三安集团在福建安溪建设的被誉为颠覆"土地利用和农作方式"的植物工厂，是目前全球单体最大的十万级洁净度全人工光型植物工厂。首栋 1 万平方米的植物工厂已投产，它的每一个生产车间都立有 6 层植物栽培架。每一层架子上都种满了生菜、冰菜等水培叶菜以及金线莲、石斛等中草药材。植物工厂内种植的生菜，育苗移栽后 20 天左右就可以收获，而在普通大田里却要 1 个月到 40 天。在植物工厂里叶菜一年能够收获 15～18 茬。植物工厂通过多层栽培架立体栽培，栽培层数可达 15 层以上，种植面积相当于同样大小耕地的几倍到十几倍，加上高密度种植等，其产量可以达到常规栽培的 40 倍甚至 100 倍以上,极大地提升了土地使用效率。

(二) 有利于提升鲜活农产品供应能力

我国北方地区冬季平均气温较低,过去在自然条件下,受低温制约,露地种植难以开展,冬藏大白菜、土豆等成为北方地区冬天消费的主要蔬菜品类。受制于水资源不足、昼夜温差大等影响,长期以来我国高海拔地区蔬菜和水果的数量、品类供应不足。但是,随着日光温室、塑料大棚等工厂化农产品技术的推广应用,无论是我国北方地区还是高海拔地区,冬季瓜果、蔬菜供应能力显著提升,保障了人们果蔬消费的多样性。现在,甚至海南省三沙市南沙渚碧礁上的守岛官兵都能吃到生态植物工厂生产出来的蔬菜。

(三) 有利于促进农村产业融合发展

传统农业生产的典型特点是季节性生产和田间照料间断化,农户剩余劳动时间较多,劳动生产效率低。由于农产品通常通过批发商渠道销往外地,生产与流通分割,种植业收益低下。农产品工厂化生产可以"全季节"生产更加富有特色、品质更优的农产品,劳动力可以得到均衡、充分利用,农产品工厂化生产提高了农业劳动效率。工厂化生产的农产品生长周期可控,果蔬采摘期可以延长,农业生产可以与休闲观光农业、采摘体验农业等深度融合,建立以农产品工厂化生产为主体、一二三产业融合发展的新业态,从而显著提升农业附加值。

二、我国农产品工厂化现状

我国农产品工厂化最初形态主要是简易覆盖型、中小型拱棚,塑料大棚,加温温室和日光温室。现已经发展为多种形态,比较先进的如加温温室、日光温室以及现代化大型温室、光伏大棚,其中以节能日光温室、普通日光温室发展最快。

(一) 规模迅速扩大

20世纪50年代,我国从苏联引进了依托保护地栽培技术的简易设施农业,技术含量低,经营规模小,经营粗放。20世纪90年代,我国大规模引进国外大型连栋温室及配套栽培技术,以生产超时令、反季节园艺作物为主。2017年9月召开的第三届设施农业产业大会数据显示,我国主要温室设施农业面积(不含中小拱棚)已突破210万公顷,其中我国独创的日光温室面积已达80多万公顷,连栋温室面积达到5.2万公顷。我国设施农业发展迅速,日光温室和塑料大棚单体面积日趋大型化。

(二)技术水平显著提高

近年来,我国成为全球工厂化农业研发最活跃的国家,农产品工厂化装备技术不断改善,我国已掌握了植物工厂的五大核心技术,即LED节能光源创制、光温耦合节能环境控制、营养液栽培、蔬菜品质调控以及智能化管控,成为少数几个完全掌握植物工厂核心技术的国家之一。我国在LED人工光源这一"核心中的核心"技术上处于全球领先地位。植物工厂的四项核心装备即立体多层无土栽培技术装备、人工光照明技术装备、智能环境控制技术装备、植物生产空间自动化管控技术装备,我国已经达到可投入标准化和商业化应用的阶段。以植物工厂为代表的农产品工厂化不仅是现代农业发展的重要标志,其中LED人工光源植物工厂能够应用于国防装备、远洋舰船、沙漠荒岛、航空航天等领域。我国科研人员已经成功研究开发出普及型植物工厂、大厦型植物工厂、岛礁植物工厂、家庭植物工厂等多系列产品,为植物工厂的广泛应用奠定了坚实的基础,预计未来5~10年将达到普及应用水平。

(三)综合效益凸显

农产品工厂化通过综合运用生物、工程与环境等技术,有效地提高了农业资源综合利用水平,减少了水、肥和农药等要素的投入,提高了土地利用率。

目前我国戈壁农产品工厂化技术日趋成熟,不但实现了全年四季生产,产量大幅度提高,且远离主要农区,可以有效地减少土壤传染病虫害发生,产品能够达到绿色甚至生态标准。戈壁工厂化农业技术在甘肃、新疆、内蒙古、青海等省区已经得到广泛应用。2017年甘肃省酒泉市建在非耕地上的种植大棚有9 362座,建成非耕地工厂化农业产业园39个,非耕地日光温室种植面积达到1 860公顷,主要生产西瓜、葡萄、食用菌以及茄子、辣椒等反季节果蔬,年平均每公顷实现纯收入40万元,比传统日光温室高18%,是普通大田种植的7.6倍。

三、未来的农产品工厂化

自工业革命以来,农业的地位越来越低,慢慢地演变成为一个被边缘化的产业门类。但现在情况不同了,生物技术、信息技术、自动化技术等纷纷进入农业领域,农业已经成为高新技术应用最广阔、最活跃、最富有挑战性的领域,不仅使农业产品工厂化生产得以实现并显现出其多方面的显著优势。

(一)农产品工厂化生产的特征

农产品工厂化生产是高科技含量、高投入、高产出、高效益的集约化生产方式。未来的农产品工厂化生产与农产品的自然生产相比将呈现五个方面的特征:

一是单产水平高。如荷兰蔬菜作物产量若以平方米计算,番茄平均每平方米产量达到了 60 千克,甜椒达到了 35 千克,而黄瓜则达到了 90 千克,以每公顷产量计算,则分别达到 600 吨、345 吨和 1 350 吨。

二是温室日趋大型化。大型温室设施具有投资少、土地利用率高、便于实行机械化自动管理、能够实现产业化规模生产、室内环境相对稳定等优点。因此,温室类型有向大型化、超大型化方向发展的趋势,温室单栋规模将会从几公顷发展到几十公顷。

三是高智能化、高自动化。农产品工厂化生产的核心是能对"工厂"内栽培环境进行有效控制,营造出适宜作物生长的环境条件。在温室中设立感应器并连接管理中心,管理人员在手机上或电脑上即可实时观测温室内温度、湿度、土壤墒情、溶液浓度、二氧化碳浓度以及作物生长状况等参数,并能实时远程控制温室内的温、光、水、肥、气等。

四是无土栽培成为主要栽培方式。荷兰、英国、法国、意大利等国的大部分温室采用的均为无土栽培。进入 21 世纪,所有欧盟国家园艺作物全部实现了无土栽培。我国无土栽培技术也日臻成熟。

五是植物生产工厂化。奥地利、丹麦、日本等国建立了世界最先进的"植物工厂",采用营养液栽培和自动化综合环境调控,完全摆脱了自然条件束缚。植物工厂的蔬菜年产量是普通温室栽培的 10 倍以上,更是露地栽培的数十倍,我国的研究成果能够使植物工厂蔬菜产量达到露地栽培的 100 倍以上。

(二)工厂化微生物农业的优势

微生物农业通过微生物工业化工程,分解动植物废弃物,形成非绿色植物的、无污染的新型农业产业。它利用微生物的繁殖生产能力,在工厂化条件下生产人类及动植物所需营养品及保健品。微生物技术是沟通传统"二物"农业与微生物农业的重要桥梁,是发展"三物"农业的关键,微生物农业是农产品工厂化生产中不可或缺的内容。

微生物农业能量利用率极高,微生物几乎可利用阳光中可见光的全谱光能。微生物农产品生产无季节性要求,只需人工提供必要的环境条件,单细胞微生物就可以"无限"增殖和存活,能够一年四季不间断通过"流水作业"进行工厂规模化生产。微生物农产品在工厂里封闭生产,避免或减少了各种自然灾害的影响和人为接触造成的病菌感染。微生物农产品生产可以应用基因组学、蛋白质组学等生物技术,快速地培育各种"目标微生物"产品及其组合物或混合物产品,生产出人类需要的各类生物产品。

(三)农产品工厂化趋势展望

一是向立体化生产发展。农产品工厂化生产可以巧用各种作物的"空间差"和"时间差",进行错落组合、综合搭配,形成多层次、多功能、多途径的高效生产系统。美国、以色列、法国都在建立农业摩天大楼。一座30层的摩天大楼,可以种养100多种动植物产品和微生物产品,能够满足5万人一年的消费需求。

二是向生物化生产发展。农产品工厂化生产能够减少化肥、农药、生长调节剂、饲料添加剂等化学物质的使用,遵循自然规律和生物学原理协调种植业、养殖业和微生物之间的平衡,采用可持续发展的农业技术维持农业生产过程的稳定、持续,有效地减少生产过程对环境和产品的污染,高效地生产出种类繁多的"三物"农产品。

三是向智能化生产发展。工厂化农业的最高形式是高度自动化的制成品农业,农业生产有生产标准、生产工艺、生产车间,生产的产品有包装、标准、商标、品牌,人们能够有效地控制生产出的农产品数量、质量、营养成分及其功效等。

第三节　改良生态:实现农业可持续发展

发展"三物"农业,既能合理地循环利用资源,提供满足人们健康需求的农产品,又能有效保护生态环境。发展"三物"农业是实现可持续发展的有效途径,是实现乡村振兴的重要路径。

一、改善农业生态刻不容缓

农业已经成为我国最大的面源污染产业,农业生态环境恶化问题制约着农业生产的可持续发展,直接影响到美丽乡村建设和乡村振兴以及健康中国建设,并影响周边环境乃至全球环境。

(一) 农业面源污染

过去,人们为了"吃饱"而提高农产品产量,在生产中大量使用化肥、农药、农膜等,农业生产资料利用率很低,较多的化学农用物质作为污染物进入到环境中,造成严重的水体污染和土壤污染。尽管最近几年化肥使用量得到一定程度的控制,但 2017 年全国使用的化肥总量(折纯)仍保持在 2016 年的 5 984.1 万吨的水平,与 1978 年相比增加了 5 100.1 万吨,增长 5.77 倍,而同期粮食总产量仅增长 1.03 倍。我国单位土地面积的化肥使用量是世界平均水平的 4 倍以上,化肥利用率明显低于农业发达国家。农业部数据显示,2017 年我国水稻、玉米和小麦三大粮食作物化肥利用率为 37.8%,与欧洲主要国家相比低 30 个百分点左右。

2017 年我国使用农药总量约 174.6 万吨,水稻、玉米和小麦三大粮食作物农药利用率为 38.8%,与欧美发达国家小麦等粮食作物的农药利用率 60% 左右相比,我国主要粮食作物农药利用率仍低 20 个百分点左右。超过 60% 的未利用农药进入自然环境中,造成了严重的污染。

农膜能够促进农业增产,但破碎的农膜回收困难,大部分残留于土壤中,破坏土壤结构,降低土壤透水、透气性,影响农作物根系发育,导致农作物产量下降。2015 年我国农用塑料薄膜使用总量多达 260.4 万吨,但回收率不足 67%,带来的白色污染非常严重。

(二) 水土流失

我国是世界上水土流失最为严重的国家之一,水土流失已经成为我国生态环境恶化最严重的问题。目前,全国水土流失面积达 295 万平方千米,约占国土面积的 30%。在水土流失面积中,水力侵蚀面积占 43.8%,风力侵蚀面积占 56.2%。我国土壤每年平均流失约 50 亿吨,其中水力流失土壤总量约 40 亿吨,占土壤流失总量的 80%,造成经济损失约 80 亿元。

水土流失不仅使养分流失、土壤退化、生态环境恶化,而且侵蚀产生大量泥沙淤积在下游河道,引起江河堵塞,加大下游洪灾风险,影响水利工程发挥作用,增加洪涝灾害、旱灾和山体滑坡等自然灾害发生频度和强度。同时,土壤侵蚀还是面源污染的重要形式,在侵蚀和径流发生时,养分和农药随着径流及其所携带的泥沙进入江河湖泊,造成水体污染等一系列生态环境问题。

（三）土地荒漠化

土地荒漠化被称为"地球上的癌症"，是全球生态治理的难点。我国是世界上荒漠化最严重的国家之一，荒漠化土地的生态环境极为脆弱。荒漠化可以发生在干旱、半干旱地区，也可以发生在亚湿润干旱区，主要是气候变异和人类活动作用的结果。目前，全国荒漠化土地面积占国土面积的27.2%，沙化土地面积占17.9%，有明显沙化趋势的土地面积占3.1%。土地沙漠化的自然因素主要是干旱，人为因素主要是过度放牧、过度垦殖、过度樵柴和不合理利用水资源等。沙漠化是一种逐步导致生物性生产力下降的过程。

二、时代呼唤生态农业

20世纪初以来，为克服农业发展带来的环境问题，各国发展了多种农业方式以期替代常规农业，如生态农业、生物农业、有机农业等，其生产的食品称为自然食品、有机食品和生态食品等。尽管名称不同，目的都是遵循绿色发展导向，按照农业生态系统内物种共生、物质循环、能量多层次利用的生态学原理，运用科技和系统工程方法，发展"三物"农业，实现动植物和微生物产品持续、优质、高效地生产，实现保护生态和农业资源的可持续利用，实现人与自然的和谐共生，提供更多的优质生态产品以满足人民日益增长的物质生活需要。

（一）消费者需要安全的生态食品

自20世纪后半叶以来，随着科技进步，食品生产出现了不同于以往在自然形态下生产的显著特征：食品原材料（动植物和微生物产品）的生产开始工厂化生产；食品经过加工和运输等到达消费者餐桌上的环节越来越多；以转基因动植物产品、微生物产品为原料加工生产的转基因食品纷纷走向餐桌。所有这一切，都使消费者反而更加青睐自然状态下生产的生态农业食品。

工厂化农业生产相对于生态农业自然生产存在着一定安全风险。欧洲农民在实行肉牛工厂化生产时，用牛羊肉骨粉代替植物蛋白作饲料，使疯牛病病毒危险不断增加，最终酿成了疯牛病灾难。食品到达餐桌的环节增加，在供给过程中被污染的风险也在增加。转基因技术在提高生物产量和改善质量的同时，也让一些人担心产生"生物基因污染"。疯牛病事件中发现牛肉中含有疯牛病病毒，二噁英毒饲料事件中猪肉、鸡肉和鸡蛋中检出二噁英严重超标，增加了消费者对转基因食品安全性的担心,甚至有研究认为,转基因农作物的种植和使用对动物和生态环境有潜在安全威胁,一些国家如俄罗斯等甚至立法全面禁止生产、销售和使用转基因产品。

(二)环境保护呼唤生态农业

为了提高产量,人们在动植物生产中过量使用农药和兽药、化肥、塑料薄膜以及各种激素等,不合理处置畜禽粪便和各种废弃物等。过量施用的化肥和农药,绝大部分都没有被植物吸收,而是变成了污染物进入到环境中。磷肥生产的原料磷矿石本身就含有大量有害元素,如氟和砷等,在磷矿石加工成磷肥的过程中,还会带进镉、汞等重金属。化肥过量施用导致土壤中重金属等有毒物质超标,土壤微生物活性降低,使土壤微生物转化有机质、分解矿物质和降解有毒物质的作用降低或者消失。长期使用农药会造成药物抗性、病虫害频发、生态环境恶化,进一步增加农药使用量的恶性循环。农业部数据显示,2017年我国农药的平均利用率为38.8%,农药污染耕地超过666.67万公顷。滥用农药不仅威胁食品安全,更通过径流、渗漏漂移污染土壤和水体,影响农田生态环境安全。同时,这些未被作物吸收利用的农药还会通过各种形式影响着其他动植物、甚至是公众健康。尤其是使用那些高毒、高残留农药,使粮食、蔬菜、水果等农副产品中有毒成分增多,危害人畜健康,使生态环境受到破坏。当人们为防不胜防的食品安全问题和无穷无尽的农业污染问题而烦恼时,就不得不寻求建立一种可持续的农业生产体系,即生态农业。

(三)各国政府支持生态农业

面对日益严峻的环境和资源问题,各国政府均开始重视生态农业发展,对生态农业建设给予激励和引导。德国是世界上发展生态农业较早、水平较高的国家之一,也是欧盟最大的生态食品市场,德国联邦政府及其各州政府出台了一系列措施推动生态农业发展,向从事生态农业生产的企业和农民提供财政补贴和技术支持。

美国是世界上为数不多走转基因路线的农业大国。但最近几年,美国政府更趋于实施发展生态农业的战略,加大了对生态农业的立法和资金支持。2000年颁布了《有机农业法》,最新的2014年农业法案(四年制定一次)推出了湿地保护、水土保持、草地保育等补贴,为农场主提供技术援助或补贴等,仅仅针对生态农业研究、教育、补助以及数据收集的总财务支出就超过1.6亿美元。2017年2月德国纽伦堡国际有机食品展发布的报告显示,在奥巴马担任总统的2008~2016年间,美国农业部年均向生态农业投入3 000万美元的研发和推广经费。

三、生态农业发展趋势展望

（一）生态农产品需求增长强劲

现在，生态农业已经得到各国消费者、政府和经营企业的广泛认可。瑞士有机农业研究所和国际有机农业联盟世界理事会发布的《2017年世界有机农业概况与发展趋势》显示，2015年全球生态食品（含饮料）销售总额达757亿欧元，比上年增长10%，与2000年相比，增长356%。美国农业部国家农业统计局的数据显示，2016年美国农场共生产出售经认证的生态农产品价值76亿美元，比2015年增长23%，生态农产品生产呈现出强劲的发展态势。

（二）生态农业标准趋于一致

生态产品认证标准是评价生态产品质量优劣程度和生态产品加工企业、生态产品贸易企业生产经营行为好坏程度的尺度，是国家发展生态产品的政策体现，是强化生态产品管理的基本保证。随着经济全球化，生态产品国际认证成为发挥各国优势、扩大生态产品出口的关键环节。因此，随着各国之间生态农业生产、贸易联系的加强，必然会带动生态产品国际标准认证的统一。

国际生态农业标准主要包括：以国际食品法典委员会（CAC）标准与国际有机农业运动联盟（IFOAM）标准为代表的国际组织的生态标准；区域性的欧盟的生态标准以及一些国家标准，如：美国NOP标准与日本JAS标准。CAC标准由联合国粮农组织和世界卫生组织共同创建，是被世界各国普遍认可的食品安全标准，是基础标准。IFOAM标准属于非政府组织制定的生态农业标准，尽管它属于非政府标准，但其影响力非常大，甚至超过国家标准。它的优势在于广泛地吸引了国际上从事生态农业生产、加工和研究的各类组织和个人，标准制定具有广泛的民主性和代表性，以至于CAC在制定标准时也专门邀请了IFOAM参与制定工作。许多国家在制定生态农业标准时都参考了IFOAM标准。随着全球化的深入，各国生态农业标准趋于一致是必然的。

（三）生态"三物"农业将成为农业发展的主要趋势

人们重视动植物产品生产忽视微生物产品生产的观念将发生改变，人们将从资源循环利用的角度更加重视微生物产品的开发利用；只重视食物类产品生产忽视非食物类产品生产的观念也将改变,人们将更加重视农业非食物产品生产;人们不仅重视生物产品产量的提高,而且会更加重视生物产品质量的提高。生态"三物"农业规模将不断扩大。

(四)越来越重视科技支持

发展生态农业离不开科技支持。德国重视生态农业技术研究,注重科技成果转化,重视生态农业人才培养和培训以及资格认定。以色列每年用于农业科研开发的投入占国民生产总值的3%,农业科学技术研究都是直接面向生态农业需要解决的问题,所以科研成果能够迅速推广到生产中去。近年来,很多国家都在加大对生态农业的科研投入。

第四节 以人民为中心推进健康中国建设

党的十九大明确提出建设健康中国的战略目标和战略构想。实施健康中国战略,增进人民健康福祉,事关人的全面发展、社会全面进步,事关"两个一百年"奋斗目标的实现。

一、健康挑战呼唤健康中国

21世纪以来,食品安全、生活方式、环境因素对健康的影响日益加重。慢性非传染性疾病已成为全球性的发病、致残和死亡的最主要原因。我国人民健康面临的形势非常严峻:首先,控制重大传染病和重点寄生虫病的能力不强。其次,缺乏有效措施消除或者应对危害健康的不利因素。生态环境、生产生活方式变化及食品药品安全、职业伤害、饮用水安全对人民群众健康的不利影响日益增加。面对日益复杂的危及健康的危险因素,不能提供高端、多元化的健康服务供给。第三,难以提供需求不断增加的医疗保健服务。随着人们健康保健意识的增强,人们希望得到更多更好的多元化的医疗健康服务,特别是老龄人口不断增加、大量进城农民工以及农村人口城镇化都向医疗保健服务提出了更多医疗保障和医疗卫生服务要求。

健康中国战略的根本目的是提升全民的全面健康水平,使国民健康水平和长寿水平达到国际先进水平,使我国的人均期望寿命达到世界前列,并有效降低婴幼儿死亡率、孕产妇死亡率,使国民健康素质整体大幅提高、总体处于健康状态、有较高的幸福感,社会稳定和谐。

健康中国战略就是要实现人人都健康地生活,就是要使国民树立健康理念,得到全方位和生命全周期的健康服务和健康保障,全社会共建共享是建设健康中国的重要路径。

健康中国战略就是要一切为了人民健康,"要把人民健康放在优先发展的战略地位"。健康战略作为底线战略,要体现为健康保障的优先性、首位性,当国家发展战略体系里任何战略或价值与之冲突时,都必须要以首先保障健康战略为前提,任何价值和利益都不能凌驾于生命健康权之上。生命健康是人类享有一切权利与尊严的基础。优先保障健康,就要始终把人放在主体地位,始终尊重人。

健康中国的健康保障战略是要为人民群众提供全方位全生命周期的健康服务。健康中国要覆盖生命全周期,就是从一个人孕育于母腹开始,一直走到生命终结,在这个全过程中的不同阶段,对于关系健康的主要问题和重要影响因素,都要连续地提供健康服务。

二、健康中国,营养先行

生命离不开食物,健康离不开营养。食物是我们每天需要补充的,食物对我们的身体健康起着举足轻重的作用。食物是生命的动力之源,人类生命质量的高低很大程度上取决于农业提供的食物的质量。中国农业文明的发展过程就是维护并促进人体健康的过程。但是,在长期的"二物"农业模式中,农药、化肥、生长剂、催熟剂、膨胀剂、抗生素等化学物质在农业生产以及农产品加工中广泛运用,对于这些化学物质的过量使用已经危及到食品安全和人类身心健康。很多受到化学物质影响的食物,不仅口感很差,所含营养成分及其所能发挥的健康功能也显著地弱化,许多相同体积、相同品种的蔬菜,有效营养成分与几十年之前相比下降很多。目前,我国营养失衡人口数量在全球排第二位,营养失衡、超重和肥胖人数比1991年增长50%~100%。从2014年起,我国成人肥胖者人数已经位居全球第一位。肥胖是威胁人类健康最严重的慢性疾病之一,饮食不健康是导致肥胖的最主要原因。

我国农业发展必须以呼应"健康中国"为己任,把绿色、保健放在首位。人类农业的发展已经由吃得饱、吃得好,向着吃得营养、吃得健康演进。在物质匮乏时代,我国农业生产者只负责生产,农产品一经问世,需求侧照单全收。今天,我国进入物质丰裕的中国特色社会主义新时代,人们对农产品关注的焦点是"质"的优化,有利于身体健康的农产品是消费者的首选。因此,农业必须从"只管生产"向着"为了生活"转型升级,必须走质量兴农、绿色发展之路。具有保健功能的"三微"农业应是未来农业发展的主要目标之一:一是开发微量元素农业,以满足不同人群所需的硒、锌、钙、铁、碘及维生素等多种微量元素需要;二是开发微生物农业,让农业生产出更多更丰富的食物产品和非食物产品,拓展农业功能;三是开发微观需求农业,以提供具有健康改善特殊功能的小众需求和个性化需求产品。

三、环境美好,才有健康中国

(一)环境影响人类健康

环境是人类赖以生存和发展的基础,关系到人类健康的根本。在影响健康的因素中,环境因素占17%,医疗服务仅占8%,生物学因素、行为和生活方式占75%,由此可见,环境对健康的影响远远超过医疗服务。

环境污染物通过呼吸道、消化道、皮肤等进入人体后,由血液输送到人体各组织,在代谢过程中,一些有毒物质的毒性可能减小,有些有毒物质的毒性会增加。例如,过去曾广泛使用的广谱性农药有机磷类杀虫剂1605在人体内氧化后毒性更大。环境中的污染物在体内蓄积达到一定阈值时,就会对人体健康造成严重危害甚至导致死亡。低浓度污染物长期持续不断地进入人体,会产生慢性危害和远期危害。如大气低浓度污染引起的慢性鼻炎、慢性咽炎,以及低剂量重金属铅引起的贫血、末梢神经炎、神经麻痹、幼儿大脑受损(进而导致注意力涣散及智力障碍)等。环境污染物对人体的远期危害主要是致癌、致畸、致突变。

人们日常生活中经常接触到的重金属通过空气、水、食物等渠道进入体,产生遗传毒性、生殖毒性等,阻碍胚胎正常发育,即使很低剂量的重金属污染也能使机体代谢发生紊乱,诱发疾病甚至死亡。

(二)食品生产需要健康环境

食品作为环境中的物质、能量交换的产物,其原材料——动植物产品和微生物产品的生产、收获、贮存、流通和消费过程中,都是在环境中完成的。环境中的污染物可以通过多种途径进入食物,在食品的整个生命周期中,都有可能受到环境中的有毒有害物质的污染,进而影响人类健康。食品受到环境污染可导致一系列健康危害,甚至导致死亡,而且绝大多数危害都是长期性的、慢性的。

在自然环境受到污染时,各种污染物通过大气沉降、流入或者人为地使其直接进入土壤、水体中,造成土壤污染。不仅使农产品产量和品质下降,而且重金属元素通过农作物富集而影响农产品的产量和质量,进而危害人畜安全和健康。近几年,镉含量超标达十几倍、几十倍的"镉大米""镉小麦"时有报道。镉特别容易造成人体骨质疏松、萎缩、变形等,还能造成高血压、肝损害、肺水肿、贫血等疾病以及造成神经和大脑损伤,甚至诱发癌症等。

环境中各种污染物在自然条件下降解缓慢、滞留时间长,可以沿食物链产生逐级放大效应,即环境污染物虽然浓度很低,但可以通过食物链的放大作用,对处于最高营养级的人类的健康造成严重损害。为了保护人类健康、生产出无污染的健康食品,必须保持生态环境良好。

(三)全社会共建共享健康环境

"病非一朝一夕之故,其所由来渐矣。"无论是生态环保问题,还是健康问题,都是长期积累的结果。实现健康中国的目标,离不开良好的生态环境,这是人类生存与健康的基础。很难想象在一个生态环境糟糕的地方,人们的身体能普遍健康。解决环境污染问题,建设美丽中国,确保健康中国战略落到实处,实现中华民族的永续健康发展,需要全社会的共同参与和不懈努力。我们应着力解决突出的环境问题,坚持全民共治、源头防治,持续实施大气污染防治行动,打赢蓝天保卫战;应加快水污染防治,实施流域环境和近岸海域综合治理;应强化土壤污染管控和修复,加强农业面源污染防治,开展农村人居环境整治行动,应加强固体废弃物和垃圾处置管理;应提高污染排放标准,强化排污者责任,健全环保信用评价、信息强制性披露、严惩重罚等制度,应构建以政府为主导、以企业为主体,社会组织和公众共同参与的环境治理体系,实施绿色发展与健康环境互动战略,把美丽中国和健康中国建设有机统一起来,动员全社会共同营造健康环境,从城市规划、建设到管理等各方面,都以人的健康为中心,从而保障居民的健康生活和工作,使健康人群、健康环境和健康社会有机结合。

第三章　前景广阔的微生物开发

　　科学家们确定的微生物包括细菌、真菌以及一些小型的原生生物、显微藻类等在内的一大类生物群体以及病毒。微生物共分七大类：细菌、病毒、真菌、立克次氏体、支原体、衣原体、螺旋体。它们大部分个体微小，种类繁多，与人类关系密切，包含有益与有害两类。《中国微生物资源发展报告（2016）》显示，在2001年到2015年间，我国在微生物资源领域研究和开发取得了巨大的进步。我国微生物领域的专利族数量位于世界第一位；微生物领域的论文发表量位于世界第二位，仅次于美国。近年来，我国微生物领域的研发和产业化发展势头较快，既涉及生活中的餐饮、生物制药等行业，也涉及生产中的农业机械和能源化工等方面，主要产品有微生物肥料、微生物农药、微生物饲料、微生物能源燃料、微生物食品、微生物药品、微生物清洁剂等。

第一节　微生物肥料

一、最早的微生物肥料

　　微生物肥料，是以微生物的生命活动使作物得到特定肥料效应的一种制品，是农业生产中广泛使用的一种肥料。最早的微生物肥料就是农家肥，施用农家肥是中国传统业中重要的耕种方式。在远古刀耕火种的时代，勤劳的人民就学会将植物焚烧留下的矿质养分为下一季节作物提供营养，到春秋时代已经逐渐形成比较成熟的造肥和施肥技术。北魏时期中国杰出农学家贾思勰所著的《齐民要术》中就已经全面地阐述了肥料种类、特性、积造方法、施用方法，强调"地薄者粪之，粪宜熟"的基肥施用方法，以及"粪种法"的种粪施用技术和绿肥肥田技术。古代的肥料品种不仅包括各种动物粪便、骨头、蚕矢、蚕蛹，而且有"割蒿沤肥"的习惯，在江河流域也有以塘泥积肥的做法。现代微生物肥料已经出现科技化、工厂化、产业化、轻型化趋势，不仅品种多，而且应用广。

微生物肥料是活体肥料，含有大量的有益微生物。这些有益微生物通过旺盛的繁殖和新陈代谢，形成有益代谢产物，可以改善农作物的营养条件，并且活化土壤中无效态的营养元素，使生病的土壤"恢复健康"，从而创造良好的土壤微生态环境来促进农作物的生长。《齐民要术》中强调了绿肥种春谷可增产2倍以上。晋代《广志》一书中介绍了水田种苕作为绿肥的技术。1911年，美国科学家金（King）在《千年农夫》一书中认为，中国作为全球最大的帝国且千年不衰的奥秘就是农家肥的应用。

二、土壤治理亟须微生物肥料

2013年，湖南"镉大米"事件为我们敲响了土壤污染的警钟。据环境保护部和国土资源部对于全国土壤污染状况的联合调查，我国土壤污染总点位超标率达到16.1%，土壤污染已经成为多地"公害"，其主要原因之一是过量使用化肥。相关数据显示，近年来我国化肥使用量上涨4.5倍，三大粮食作物氮肥、磷肥和钾肥的利用率分别为33%、24%和42%，而粮食产量仅增长82.8%。我国农作物每公顷平均化肥用量达328.5千克，远高于世界的平均水平（每公顷120千克），是美国的2.6倍，是欧盟的2.5倍。

长期过度地使用化肥，导致我国耕地肥力明显下降，土壤有机质平均含量不到1%。中央电视台曾播出《被化肥"喂瘦"了的耕地》专题调查，披露了由于长期使用化学肥料，我国的土壤已经不再"健康"的问题，如土壤性状恶化，土地板结，土壤酸化、盐渍化，土壤微生物多样性被破坏等问题日益突出，并直接导致了土壤贫瘠、地力衰竭等影响农业可持续发展。恢复土壤健康已经迫在眉睫。

专家认为，作物长不好的原因是作物的根不好，作物的根不好是因为土不好，土不好是因为土壤里缺乏大量的有益微生物菌，所以解决当前土壤生态质量问题及提高作物产量的根本之策是在土壤中使用优质微生物菌剂，即微生物肥料。微生物是土壤的重要组成部分，并且是土壤生态系统的灵魂和中心，必将在土壤健康的恢复中发挥重要作用。

三、微生物肥料的应用

微生物肥料在提高养分转化利用率、维护植物健康成长和保障可持续生产能力等方面具有不可替代的作用。采取微生物肥料和化肥进行配合施用,能减少化肥使用量,降低农业成本,促进农业增产增效。

目前,国际上已有70多个国家生产、推广和运用微生物肥料,中国也有近250家企业年产10万吨微生物肥料应用于农业生产。微生物肥料已逐渐成为农作物肥料的重要组成部分,目前获得农业部临时登记证的产品近500个,其中已有200多个产品转为正式登记。微生物肥料使用菌种种类不断扩大,使用的菌种早已不局限于根瘤菌,其他的诸如各种自生、联合固氮微生物,纤维素分解菌和PGPR菌株等。据统计,目前使用的菌种已有100多种,即使是根瘤菌种类也有10多种。

微生物肥料的应用效果不仅表现在增加产量上,而且体现在产品品质的改善、减少化肥的使用、降低病虫害的发生和保护农田生态环境等方面。微生物肥料应用面积不断扩大,累计有2 000多万公顷。据国家统计局统计,2016年我国农用化肥用量5 984万吨(折纯),比2015年减少38万吨,这是我国农用化肥用量自20世纪70年代(1974年)以来首次实现负增长。据农业部测算,2017年我国水稻、玉米、小麦三大粮食作物氮肥当季平均利用率为37.8%,比2013年和2015年分别提高7.8个百分点和2.6个百分点。这"一减一提",标志着我国科学施肥工作取得了积极进展,提前3年实现化肥使用量零增长的目标,为农业绿色发展做出了重要贡献。

随着绿色发展理念的提出和人民生活水平的不断提高,市场对绿色无公害食品的需求不断增加。在绿色食品的生产过程中,要求不用或者尽量限用化肥、农药等化学物质。微生物肥料的应用前景十分广阔,将成为植物的营养来源和肥料的重要组成部分。

第二节 微生物饲料

一、微生物饲料的开发

随着生物技术的发展,微生物资源在饲料领域得到了不断地开发和广泛应用,现已形成了以基因工程、蛋白质工程、发酵工程等高新技术为手段开发的新型饲料添加剂行业,以微生物发酵技术同传统固体发酵技术相结合形成的固体发酵饲料行业,从而达到节约粮食、减缓人畜争粮、为饲料资源开源节流的目的。

一是在添加剂领域,围绕微生物资源,研发出包含34种动物益生菌菌种的微生态制剂和饲料发酵剂,围绕微生物液体发酵的产物分离和纯化,研发出酶制剂、部分维生素和氨基酸添加剂,并在此基础上形成了抗菌肽、功能性寡糖、有机微量元素、生物有机酸等添加剂门类。

二是在饲料资源开发领域,围绕微生物的固体发酵技术,研发出发酵豆粕、发酵棉籽蛋白、酿酒酵母培养物、发酵果渣、酿酒酵母发酵白酒糟等新型饲料原料。

二、微生物饲料的作用

研究表明,微生物饲料在动物养殖方面发挥了巨大的作用。

一是可以改善动物的营养平衡,提高饲料的利用率,改善动物的健康状况,提升动物的生长潜力。

二是可大幅度提升农副产品的饲用价值,降低饲料成本,改善动物产品品质。

三是可以改善畜舍环境。益生菌之所以能够改善畜舍环境主要是因为加强了动物后段消化道中的微生物代谢活动,减少了恶臭气味物质的产生和排泄,并且增加了使粪便分解的微生物数量,加强了对粪便的分解,从而降低了畜禽粪氮、粪磷的排放量,大幅度减轻养殖业造成的环境污染。

四是可以替代抗生素。目前部分微生物饲料添加剂表现出了替代饲料中抗生素的巨大潜力,如在饲粮中添加乳酸菌可降低小肠内容物脲酶的活性,使肉仔鸡的增重效果好于添加氯代土霉素。这对摆脱畜禽生产对抗生素的依赖,获得优质、安全的动物产品具有重要意义。

目前,国内已有几百家企业专门从事微生物相关的饲料添加剂和微生物发酵饲料的生产。中国农业大学农业部饲料工业中心成功开发了一种生产工艺简单、效果显著的微生物发酵饲料,成产成本每吨在3 000元左右。在猪配合饲料中添加15%～20%的发酵浓缩饲料,可以实现从20千克到出栏的全饲养过程中无抗生素。经过在北京地区6个养猪场中所开展的饲料试验证明,在饲料成本相同的情况下,食用发酵饲料的每头猪可以节省饲料成本20～38元,经济效益非常显著。目前北京地区已经有20多家规模化养猪场使用该产品,生猪总存栏数超过3万头。经国家抗生素残留权威检测部门分析,通过喂食该产品获得的猪肉中抗生素的残留量极低,远远低于欧盟安全肉中抗生素残留的限量要求。

三、亟须解决的问题

国内微生物饲料添加剂产业仍处于起步阶段,涉及开发应用的大中型企业约有400家,其中获得农业部批准的有140余家。国内微生物饲料添加剂每年的销售额突破20亿元,其中销售额在1亿元以上的不足5家,在3 000万元以上的不过10家。与国外相比,我国在微生物饲料领域科研与产业化起步较晚,许多关键添加剂的生产还处于仿制水平或严重依赖国外技术阶段,缺乏自主知识产权。某些领域与国外先进水平还存在一定的差距。目前,需要解决以下几个方面的问题:

(1) 研发微生物饲料产品相关基因资源的高通量筛选技术,建立快速有效的功能评估系统,获得一批有自主知识产权、有应用价值的新物种和基因资源。

(2) 构建基因工程技术平台,通过对天然蛋白质基因进行定向改造,创造出新的具备优良特性的蛋白质分子,从而提高蛋白表达量和活性,降低生产成本,实现规模化、低成本生产。

(3) 建立微生物饲料发酵工程技术平台,将发酵与酶解相结合,开发高效、稳定、实用的微生物产品加工技术,并建立相应的标准。

根据目前国内饲料生产总量来计算,微生物饲料的市场容量在180亿元到200亿元之间,市场普及率约为10%,市场发展空间大,并且生产技术和应用技术水平将大幅度提高并实现标准化。微生物饲料产品的大量应用,将终结养殖业的抗生素、化学添加剂时代,其产业发展前景十分广阔。

第三节 微生物能源燃料

一、微生物能源燃料并不神秘

微生物与一般植物、动物相比,具有繁殖生长快、代谢类型多、培养成本低、容易控制培养和容易进行菌种改造改良等诸多先天优势,故用微生物作为生产生物能源燃料是一个非常有潜力的发展方向。

2017年11月21日,从北京起飞的海南航空HU497航班顺利降落芝加哥奥黑尔国际机场,飞机使用的燃料中包含了从餐饮废油(俗称地沟油)炼化而成的生物航油,标志着首班中美绿色示范航线生物航油跨洋航班成功抵达目的地。如果不是因为地沟油,公众对航空生物燃料这一概念应该还比较陌生,前者作为曾经的"过街老鼠"摇身一变成高大上的航空燃料,着实让公众眼前一亮。由地沟油变身得到的航油,就是微生物能源燃料。

微生物能源燃料属于生物能源,是指来自生物燃料的可再生能源。人们熟知的微生物能源燃料有:利用禽畜粪便、生活有机废水和废渣,通过建沼气池发酵生产沼气;利用农作物秸秆和农业加工剩余物、薪材及林业加工剩余物,或者一些能源植物生产生物燃油;利用城市生活垃圾和部分工业废料发电。目前国内试飞的航班采用的生物航油,分别来自餐饮废弃油、小桐籽和棕榈油。据介绍,从目前情况来看,光是这三种原料还难以满足航空生物燃料量产的需要。

微生物能源燃料以可再生资源为原料生产燃料酒精、生物柴油和氢气,具有清洁、高效、可再生等突出优点。与石油、煤炭等传统能源相比,有利于保护环境;与太阳能、核能、风能、水能、海洋能等新能源相比,其来源广、成本低,受地理因素影响小。我国现在正处于能源消耗加剧的发展阶段,又面临着矿石资源的过度开发和环境遭到严重破坏的境况,以微生物作为开发产能的新途径,正是实现能源可持续、绿色发展的有效途径。另外在利用微生物生产能源的同时,我们也可以治理工业和城市污水,其综合效益高出预期。

二、微生物能源燃料开发

生物能源资源开发利用潜力巨大。据估计,全世界每年由光合作用而固定的碳达 2 000 亿吨,含能量达 33×10^{18} 千焦,可开发的能源约相当于全世界每年耗能量的 10 倍;生成的可利用生物质约为 1 700 亿吨,而目前将其作为能源来利用的仅为 13 亿吨,约占其总产量的 0.76%。我国的生物质能资源为 50 亿吨左右,可以提供相当 4 倍于我国总能耗的能源。虽然生产生物能源再燃烧是一种碳循环,不会实现大气中碳的净吸收,但生物能源可以固定大气中的碳,也可以将废弃的生物质如生活垃圾等再利用,有其实际的生态和经济效益。因此,世界各国大力推进微生物能源燃料开发。

自生物能源出现以来,微生物就与之产生了千丝万缕的联系,无论是生物乙醇、生物柴油还是生物制氢,微生物都是生物反应的参与者,它为实现能源的可再生提供了又一种新的可能——微生物可直接合成燃料分子。近年来的能源危机和环境恶化引起世界各国的高度重视,微生物能源作为石油的替代能源已成为众多国家能源发展的必然方向。

最早的微生物能源燃料是利用玉米生产生物能源乙醇,随后扩展到其他农林作物。1902年,Deutz可燃气发动机工厂特意将1/3的重型机车以纯乙醇作为燃料。在1925~1945年间,乙醇被加入到汽油里作为抗爆剂。在地广人稀的美国,农业自动化水平高,基础科学研究相对发达,其在生物能源的开发上处于世界领先地位,以玉米发酵为其生物能源的主要来源方式,并通过法律手段强制在运输燃料中添加生物燃料,具体比例是在柴油中添加2%的生物柴油,在汽油中添加5%的燃料乙醇。而在森林资源丰富的欧洲,生物能源利用方式主要以生物物质燃烧为主,用于供暖和发电。欧盟委员会积极推进生物燃料的发展,制定了2015年生物燃料占运输燃料消费总量8%的目标,并且比例将逐年提高。巴西生物质能源的主要利用形式是用甘蔗生产生物乙醇。

随着现代技术的发展,利用微生物对生物物质进行加工,从而制备生物能源已成为开发可再生能源的主要方向之一。2012年,美国加利福尼亚州一家公司生产出基因改良的细菌,能够从3千克干海藻中生产出1千克乙醇。为了不影响粮食产量,纤维素乙醇应运而生,并迅速成为研究热点。2000年以后,以藻类燃料为代表的生物柴油一度受到了格外关注,成为第三代生物能源的代表。

三、问题与挑战

目前的生物能源大多数是对现有能源结构的补充,包括微生物燃料在内的生物能源本身,尚不能作为一种"独挑大梁"的能源形式解决现在的能源紧缺问题。以美国为例,如果美国希望以生物能源作为一半交通运输用能源,生产这些生物能源所需的植物所占用的土地面积相当于美国目前耕地面积的3.26倍。如果大量生产目前已较为成熟的第一代生物能源须占用大量耕地,将严重威胁粮食安全。

另外,微生物能源燃料是否真正"绿色"也引起了人们的关注。以沼气为例,虽然沼气利用了农业废弃物,但生产沼气的过程仍然有能源消耗,生产过程中也会有废弃物产生,考虑到这些因素后,生物能源的环境效益是否真的优于高度成熟的石化能源还有待考察。

微生物能源生产成本较高也是其推广的重要障碍。以一种新型的微藻 *Botryococcus braunii* 为例,这种微藻生长迅速,油脂含量高,培养占用空间小,但从这种微藻中生产1升原油的成本约是目前油价的4倍。降低成本需要藻类研究和提取技术的进一步提高。

随着生物技术的发展,尤其是基因工程技术的发展,利用转基因技术对某些酶类进行改造和生产所面临的一些技术难题将最终被解决,微生物能源燃料发展将进入一个新阶段。

第四节　微生物食品

一、身边的微生物食品

微生物技术使用酶和微生物来进行生物基产品生产,如化工产品、食品和饲料、医疗保健品、洗涤剂等。对于食品来说,微生物大致可以分为三类:一是通过有益的微生物生产出可食用的食品;二是引起食品变质败坏的微生物;三是食源性病原微生物,包括能引起人们食物中毒和使人、动植物感染而发生传染病的病原微生物。我们说的微生物食品,是指第一类,后两类则归类于微生物污染。

我们身边有许多微生物食品。比如提起徽菜,人们立刻就会想到"徽州臭鳜鱼"这道经典名菜。臭鳜鱼又叫桶鱼,它颠覆了鱼要鲜吃的理念,完全反其道而行之。把新鲜的鳜鱼去鳞抹盐,放入木桶中腌制,用石头压住,在25 ℃的室温下放置七八天,做好之后似腐非腐,闻起来奇臭无比,吃起来鲜美异常,让食客大快朵颐。类似的还有徽州毛豆腐、上虞霉千张、长沙臭豆腐、武汉臭面筋等独特的风味美食,这些均属于微生物食品。此外,还有酒酿、泡菜、酱油、食醋、豆豉、乳腐、黄酒、干酪、啤酒、葡萄酒等,都是颇具魅力而长期为人们喜爱的微生物食品。

二、微生物食品的"密码"

微生物分有益的和有害的两种。国际食品科技联盟主席、浙江工商大学饶平凡教授曾风趣地打了一个比方,食材碰到微生物会发生了什么事情呢?这如同人交朋友,微生物千千万万、各种各样,食材遇到有害的微生物就会变坏,会给人带来伤害;如果食材遇到好的微生物,它的结果就好得不得了,不但带给人美味,而且给人以健康。可见,有益的微生物是美味健康食品的"密码钥匙"。

有益微生物包括酵母菌和醋酸杆菌等,是核酸和蛋白质的实体,大多数是单细胞,用发酵法生产这些单细胞微生物就可以得到极为丰富的单细胞蛋白。一直以来,有益微生物被人类巧妙地用来加工制造食品。如:良好的原料乳经过杀菌接种特定的微生物进行发酵,成为发酵乳制品,不仅具有良好的风味、较高的营养价值,还具有一定的保健作用。我国作为酒类生产大国,在应用酵母酿酒技术方面有着得天独厚的优势。我们每天食用的味精,也是微生物食品。味精是指以粮食为原料经发酵提纯的谷氨酸钠结晶,一般采用糖质或淀粉原料生产谷氨酸,然后经等电点结晶沉淀、离子交换或锌盐法精制等方法提取谷氨酸。目前,我国是世界上最大的味精生产国。此外,利用单细胞微生物制造出来的蛋白质,可以制造人造肉、人造鱼和人造面粉等食品。

与显微镜下的微生物相比,食用菌可谓庞然大物,但是,它也是典型的微生物食品,是大型、高等的真菌。食用菌从外观形态上看,只有两个部分:一是长在土壤或树木里的"根部";二是可以直观到的外面部分。前者叫做"菌丝体",是菌体的营养供应器官;后者称为"子实体",是由前者产生出来的繁殖器官,也是可食用的部分。有的菌类可被当作食品,如香菇、洋菇、金针菇、松茸、松露和木耳等;有的菌类具有医疗价值,如灵芝、云芝、桑黄、茯苓及冬虫夏草等;但也有不少的毒蕈,如白毒伞、毒鹅膏等含有剧毒,误食会中毒。

三、微生物食品污染的防范

食品因富含微生物可依赖生长的营养成分,因此会不同程度地受微生物污染。食品微生物污染主要包括细菌及其毒素和霉菌及其毒素两种。其中细菌性污染是涉及面最广、影响最大、问题最多的一种污染,它是食品加工、销售过程中的重要污染源之一。

一般来说,微生物食品受到污染的原因主要是,在食品的加工、储存、运输和销售过程中原料受到环境污染、杀菌不彻底、贮运方法不当以及不注意操作卫生等,这些都易造成细菌和致病菌超标。

据世界卫生组织估计,在全世界每年数以亿计的食源性疾病患者中,70%是由于食用了各种致病性微生物污染的食品和饮用水造成的。微生物性食物中毒在影响我国食品安全的因素中排名第一。因此,防止和控制微生物对食品的污染,是事关人民群众身体健康和生命安全的大事。

如何有效防止微生物污染呢?

从宏观角度来看,国家必须建立食品安全风险评估中心和检验检疫系统体系,对食品生产加工过程中的微生物污染来源进行控制,对微生物食品检验方法制定统一的标准,运用食源性病原微生物快速检测技术,通过相关的仪器设备进行科学检验和管理。

从微观角度来看,要不定期地对微生物食品厂商进行抽检,各地食药监局要加大监管力度。一旦发现违反食品法规的企业,要依法进行处理,责令整改,并且查清不合格产品的批次、数量、流向,及时召回不合格的产品甚至下架。

第五节　微生物药品

微生物药品通常分为三种:微生物医药、微生物农药、微生物化妆品。

一、微生物医药

微生物医药,通常是指应用微生物直接合成或通过微生物转化生产的临床上治疗人类多种疾病的药物。按来源分为三类:一是来源于微生物整体或部分实体的药物,如菌苗、疫苗、类毒素、抗毒素、抗血清、诊断用液、血清、毒素、抗原以及诊断或治疗用抗体等。这类药物应用历史久远,称为生物制品。二是来源于微生物初级代谢产物的药物,如构成微生物机体大分子骨架的氨基酸、核苷酸和辅酶、酶的辅基、维生素等非机体构成物以及与物质代谢、能量代谢有关的有机酸、醇类等。由于历史方面的原因,此等药物在分类上早已划入化学药物或生化药物,现仍因袭传统,继续沿用此种分类,其中有一些用作医药。三是来源于微生物次级代谢产物的药物,如抗生素。抗生素是最重要的一类来源于微生物次级代谢产物的药物,在控制感染、治疗癌症等方面发挥了重大作用。抗生素以外的来源于微生物次级代谢产物的药物,一般称为生理活性物质,包括酶抑制剂与诱导剂、免疫调节剂与细胞功能调节剂、受体拓抗剂与激动剂以及具有其他药理活性的物质。

微生物药物在临床上占据着极其重要的地位。从抗感染治疗中的临床用药来看,直接来源于微生物代谢产物的抗生素及其衍生物用量最大、品种最多。抗肿瘤药物是药学研究的热点领域,正从传统的细胞毒性药物向针对肿瘤发病机制的多环节作用的新型抗肿瘤药物发展,从植物、海洋生物以及微生物中寻找新型结构的化合物仍是肿瘤药物研发的一种有效途径。

微生物制药尽管在医药工业领域中所占份额有限,但其作用与地位却是不可动摇的。在生物制药领域,创造具有我国自主知识产权的新化学结构的Ⅰ类新药是建设创新型国家的必由之路。伴随着新技术革命的来临,许多新技术和新方法被应用于微生物药物的研究,如重组抗体技术、人类基因组和蛋白组技术、高通量筛选技术和酶的改造技术等均能够更新微生物新药的筛选与发现研究。目前,微生物药物在临床上的应用已从其典型的抗感染和抗肿瘤,拓展到免疫调节、降血糖和降血脂等临床治疗领域。

二、微生物农药

微生物农药是指非化学合成、具有杀虫防病作用的微生物制剂,如微生物杀虫剂、杀菌剂、农用抗生素等。这一类微生物包括杀虫防病的细菌、病毒和真菌。

细菌类杀虫微生物应用最为广泛的是苏云金芽孢杆菌(简称Bt),该菌在生成芽孢时菌体中可形成一个或多个具有强烈杀虫作用的被称为内毒素的蛋白晶体,因而能广泛用于粮食、经济作物与蔬菜、林木以及一些卫生害虫的防治。但是Bt也存在一些缺点与不足,如毒素蛋白晶体易受环境因素作用而分解;杀虫作用不能持久,田间防治效果仅能维持三四天;杀虫谱偏窄,仅对部分鳞翅目害虫有效;常年使用,害虫可能产生抗药性等。

白僵菌、绿僵菌是研究较多、应用较为广泛的真菌杀虫微生物,其中白僵菌是我国研究时间最长和应用面积最大的真菌杀虫剂。

绿僵菌是一种广谱的昆虫病原菌,在国外应用其防治害虫的面积超过了白僵菌,防治效果可与白僵菌媲美。可有效防控蛴螬、土天牛、地老虎、金针虫等地下害虫,以及蚜虫、飞虱、蓟马、小绿叶蝉等地上害虫。

三、微生物化妆品

微生物药品中,不得不提的是正在蓬勃兴起的微生物化妆品,它已成为"美丽产业"的一道靓丽风景。

出于对健康和产品安全的考虑,人们追求绿色产品的意识和远离有害化学品威胁的意识不断增强,对有机绿色护理产品的需求持续增长。据美国Fashionmag网站报道,过去10年,天然美妆产品成为美妆和个人护理行业的头号增长点,年平均增幅为20%。基于生物技术的纯天然化妆品已经成为行业发展的新方向。

与一般的化妆品相比,微生物化妆品具有原生态、安全性高、副作用小等特点,现在不少知名化妆品品牌公司不断地将微生物技术应用到化妆品生产中。随着微生物研发、利用技术的不断成熟,微生物化妆品正向生物化、功能化和科技化转变。其共同点是应用发酵技术。例如,美国某著名国际化妆品原生液的核心成分是长双歧杆菌溶胞提取物,包括旗下几十个品牌的眼霜、精华露等都含有酵母菌。韩国、日本的护肤品界十分流行发酵化妆品,其中最早出名的就是日本的SK-Ⅱ,但它还是停留在人工发酵阶段,随后市面上又出现了自然发酵护肤品——熊津化妆品"酵之美"。

微生物化妆品应用的生物发酵技术,是在继承中药炮制学中发酵法的基础上,吸取微生态学研究成果,结合现代微生物工程技术而形成的高科技中药制药新技术。北京工商大学化妆品团队结合中医"整体、辨证"的思想,按照"君、臣、佐、使"的组方原则,研发出芦荟胶、保湿乳、美白霜、祛痘膏、抗皱油等护肤化妆品的关键功效原料,获得多项国际专利。他们将自己的创新方法概括为"中医理论+现代技术",用新技术来解决护肤困扰。古老中医技术与现代科技结合,使微生物化妆品焕发出科技活力。

第六节　微生物清洁剂

微生物清洁剂种类较多,本节仅介绍生活中的微生物清洁剂和农用微生物清洁剂。

一、洗涤用微生物清洁剂

微生物清洁剂的技术原理是利用微生物内细胞产生的催化洗涤酶,对清洗对象的污物进行分解转化,从而达到清洁目的。生物清洁剂主要用于衣物清洗、牙齿清洁、织物退浆及管道除垢等。生物清洁剂相较于普通化学清洁剂来说,清洁功能高效,在使用后能长时间发挥作用,可以清洁那些用化学清洁剂难以清洁的污物,在有效处理废物后,能使之转化为二氧化碳和水。

微生物洗涤使用的清洗酶是由微生物细胞内产生的,具有特殊的清洗功能。一般微生物体内有八类微生物催化剂,但其中主要有四类,如蛋白酶、淀粉酶、脂肪酶和纤维酶。酶的催化反应比非酶催化剂的反应速度一般要高106～1 012倍,它用量少、使用条件无特殊要求、操作容易,并且省时、省力、费用不高。例如微生物油污清洁菌剂,就是以油脂分解生物酶为主要酶制剂,配合蛋白质分解生物酶,利用生物酶活性,深入快速分解油污、皂垢、酱汁和果汁等成微小分子,清洗后无残留,不会伤及所洗器具及皮肤,且能更好地保持器物表面光泽和质感,是新一代安全、绿色、环保的生物科技产品。

微生物清洁剂具有以下四大优点:第一,微生物清洁剂比传统化学清洁剂对环境更加有利,对人类更安全;第二,微生物清洁剂使用高度专业的酶产生微生物,通过消除传统化学清洁剂难以处理的污垢,使清洁更加有效和环保;第三,微生物清洁剂有残余清洁功能,使用后的残余部分虽然我们肉眼看不见,但是它仍然能继续发挥80小时的清洁功效,从而降低整体清洁成本;第四,微生物清洁剂用已知、健康的微生物来清除那些未知的、可能是致病的细菌,由此持续改善人类健康,预防一些疾病的传播。

二、农用微生物清洁剂

农用微生物清洁剂主要是指用于土壤、水体、畜禽环境改良的微生物菌剂,它是指目标微生物(有效菌)经过工业化生产扩繁后,利用多孔的物质作为吸附剂(如草炭、蛭石等),吸附菌体的发酵液加工制成的活菌制剂。其成分是休眠状活体,在适当水量里就会激活繁殖,以菌抑菌,具有无残留、无污染、无抗药性、无转基因、无毒副作用的特点。

用于改良土壤的微生物清洁菌剂,能促进土壤中有益微生物的繁殖和有机质分解转化,保持土壤微生态平衡,对受污染和有害菌影响的土壤起到生物治疗和修复作用,从而使土壤越来越肥沃,使地表植物健康生长。2015年内蒙古包头市对约6.67万公顷向日葵、玉米、马铃薯、蔬菜等作物施用抗重茬微生态菌剂,马铃薯的产量提高10%～30%,病害减轻60%～80%,每公顷产量达到67.5吨左右。

在治理"畜产公害"方面,微生物菌剂对缓解环境污染和生态破坏等问题具有重要的作用。比如,对畜禽粪尿污染的治理方法,除了沼气发酵、快速烘干等,还可利用某些微生物对废弃物进行分解,将自然界的生物循环引导到更有利于维护生态环境的方向上。近年来各国微生物专家研制出一批用于处理畜禽粪便和治理污水的微生物生态环境保护剂,如用于养猪业的环境清洁剂——木糠床微生态菌剂,在许多国家和地区都已广泛应用。如我国在应用实践中创造了"高床发酵型生态养猪模式",将养猪生产与废弃物处理相结合,将养猪废弃物转化为固体有机肥料。既能保障正常养猪生产,又能减少用水,实现无废水排放,且运行费用低,基本解决了养猪废弃物的污染问题。广东河源市一家养殖企业,2016年10月采用高床养猪方法后,猪群健康状况、清洁度、生长速度和均匀度均表现优秀,不仅减少了兽药及消毒药的使用量,还实现了喂料、通风等全机械化,工人人均饲养数量增加3~4倍,人工成本大幅度降低,受到广泛好评。

随着水产养殖业的迅速发展,集约化、高密度养殖规模也日益扩大,养殖水体受到特别严重的破坏。如何建立良好的生态养殖模式,是养殖户必须研究的问题。而农用微生物清洁剂对水体具有降解有机物、调控水质因子、培养优良藻类、改良水色、中和水体的pH值等作用,在养殖过程中要全程定期使用微生态菌剂,才能够使有益生物在养殖水体中占据优势,才能建立一个良好的水体生态系统。通过全程使用微生态菌剂建立起来的水体环境,就是一个自然的、无药物残留的、无任何污染的养殖环境。这种优良环境,有利于减少水产养殖物病害和药物使用量,提高养殖成功率和饲料利用率,最终提高养殖的经济效益。

总之,不论是微生物肥料、微生物饲料、微生物能源燃料,还是微生物食品、微生物药品以及微生物清洁剂,微生物技术都推动着以化石能源为基础的经济向以知识经济、循环经济转型,是实现人类可持续发展的关键技术。因此,大力发展生物技术对经济的发展以及人类社会的发展有着巨大而深远的影响。作为生物技术的核心,微生物技术的发展将涉及微生物资源的开发与利用问题,这为解决人口剧增、资源匮乏、能源危机、环境恶化等一系列问题提供了一条可持续发展的道路。

第四章　农作物秸秆的综合利用

农作物秸秆是农业生产的副产品,是一种可再生资源。20 世纪 90 年代前,秸秆是农民燃料、饲料、肥料和盖房材料等的主要来源。但是近些年来,随着农村劳动力的转移、工农业生产技术的快速发展、农村生产生活水平的大幅提高、农村能源消费结构的改善和各类替代原料的应用,尤其是煤、电、气,农业机械化,化肥和新型建材在农村的普及推广,农作物秸秆作为燃料、饲料、肥料和盖房材料的功能逐渐消退,但又因为新的综合利用功能开发不够,农业生产经营过于分散,产业化程度低,秸秆综合利用成本高、经济性较差,农作物秸秆出现了地区性、季节性、结构性过剩,从而成为废弃物,再加之处理不善,成为污染大气、水体的"罪魁祸首"。

第一节　我国农作物秸秆综合利用情况和技术方法

据统计,2015 年全国农作物秸秆理论资源量为 10.4 亿吨,其中稻草、玉米秸、麦秆占 78% 以上;可收集资源量约为 9 亿吨,利用量为 7.2 亿吨,秸秆综合利用率达到 80%。其中,肥料化利用量为 3.9 亿吨,占 54.2%;能源化利用量为 1 亿吨,占 13.9%;饲料化利用量为 1.7 亿吨,占 23.6%;基料化利用量为 0.4 亿吨,占 5.6%;原料化利用量为 0.2 亿吨,占 2.7%;秸秆综合利用途径不断拓宽,科技水平明显提高,综合效益快速提升(见图 4.1)。

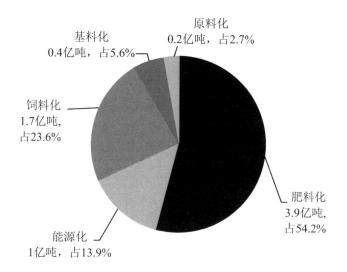

图 4.1　2015 年我国农作物秸秆综合利用情况

目前,我国农作物秸秆综合利用技术可以分为物理方法、化学方法、生物方法和综合处理方法四种。

一、物理处理方法

物理处理方法虽然是最原始的处理方法,但是比较直接,也是比较有效的方法之一。物理处理方法是在不改变农作物秸秆基本性能的前提下,将其大小、形状进行改变,达到保存或提高其使用价值的目的。主要有机械加工法和热加工法,前者用机械设备把农作物秸秆进行切碎、粉碎、揉搓、压块,来提高综合利用效能,后者是利用热喷和膨化技术在高温高压下处理秸秆。另外,利用物理活化法生产农作物秸秆活性炭也是物理处理方法的重要延伸。

秸秆经切短和粉碎以后,便于家畜采食和咀嚼,同时由于秸秆切短和粉碎后增加了饲料与瘤胃微生物的接触面积,便于瘤胃微生物的降解发酵,使家畜消化吸收的总养分增加。不过此法未能提高秸秆自身的营养价值,也有研究表明秸秆颗粒的减小,可能造成秸秆在动物肠胃通道内通过的速度增加,以致肠胃没有足够的时间去吸收秸秆中的养分,而会造成养分流失。由此可见,需要在秸秆颗粒大小与其通过胃肠速度之间寻求平衡,促进秸秆中营养成分的全面被吸收。

秸秆热喷是热加工技术的一种,即利用热喷效应使饲料木质素溶化、纤维结晶度降低、饲料颗粒变小,以增加表面积从而提高消化率的处理方法。

秸秆膨化技术与热喷同属新技术，都是利用热效应在高温高压下进行的。秸秆膨化制粒后，体积增大，比重变小，保型灭菌，含水量低，可长期保存。但膨化和热喷技术由于工艺复杂、费用高，暂时还难以广泛推广使用。

秸秆压块成型是物理处理的方法之一。国内典型的秸秆成型工艺包括打捆干贮技术、压块饲料技术、大截面压块技术和颗粒化技术。目前压块研究根据强度要求和机械设备性能要求的不同而开展，并研发相关添加剂。

通过分析原料粒度、水分、温度及纤维成分等相关因素在不同条件下对颗粒成型的影响，对生物质颗粒成型机构的关键部件环模进行研发，对环模直径、模孔结构、环模转速及压辊直径进行设计分析与阐述，探索确定环模结构设计的思路与方向，从而为设计性能优异的生物质颗粒成型机械和开发生物质能源提供技术支持，应是秸秆物理处理方法发展的重点方向和主要趋势。

二、化学处理方法

化学处理方法就是利用化学试剂处理农作物秸秆的方法。主要包括秸秆碱化处理、氨化处理、酸化处理、氧化处理以及有机溶剂处理等。

秸秆碱化处理是在碱作用下破坏秸秆结构，使其膨胀、疏松，增大微生物附着面积、加速纤维素降解并提高纤维素利用率的方法。常用的碱有氢氧化钠、氨、尿素、石灰等。因为碱性物质可以打开纤维素和半纤维素与木质素之间的对碱不稳定的酯链，溶解半纤维素和一部分木质素，使纤维素膨胀。但碱化处理用碱和用水量大，易污染环境且营养损失严重，因此存在局限性。

秸秆氨化处理就是在密闭条件下利用尿素或者氨液在氨化和碱化双重作用下处理秸秆，以改善农作物秸秆结构并提高利用率的方法。碱能打破酯键，破坏镶嵌结构，溶解半纤维素和一部分木质素及硅酸盐。氨液能增加粗蛋白含量、合成微生物蛋白质。氨还可以与秸秆中的有机酸中和，造成适宜瘤胃微生物活动的微碱性环境。氨化有液氨氨化法、氨水氨化法、尿素氨化法、高温快速氨化法和常温氨化法等。

秸秆酸性处理主要是用硫酸、盐酸或者甲酸处理农作物秸秆，原理类似碱处理。从技术层面看，其处理成本更高，所以实际应用更少，但酸化预处理比较简单有效。原理是半纤维素水解生成木糖和其他糖类，然后稀酸将纤维素解聚为葡萄糖，秸秆变得疏松，从而提高了厌氧发酵微生物对秸秆的利用率。

秸秆氧化处理主要利用氧化剂处理农作物秸秆，主要是二氧化硫和碱性过氧化氢,经过氧化后的农作物秸秆,纤维素间的空隙度增加,降解酶和细胞壁结构型多糖间的接触面增大,消化率提高。但氧化要求条件高,因而处理成本较高。

化学试剂使用过量易造成中毒或对环境造成污染,这是化学处理方法需要重点解决的问题,目前利用化学方法降解农作物秸秆和开发相关添加剂是化学处理方法的重要研究方向。

三、生物处理方法

生物处理法是利用微生物来降解处理秸秆的一种方法。选用和开发有益的微生物是利用生物处理法处理农作物秸秆的关键。除了秸秆本身携带的微生物外,引进其他能够促进农作物秸秆中的纤维素或木质素解聚的微生物,从而能提高饲料的营养价值,也能改善农作物秸秆的乳酸和菌体蛋白质组成,更有利于利用。青贮、发酵和酶酵母加工是常见的生物处理秸秆的实施过程。

青贮是将新鲜植物紧实地堆积在不透气的容器中,通过乳酸菌的厌氧发酵,将原料中的糖分转化为有机酸,主要是乳酸。当乳酸在原料中积累到一定程度时,就能抑制其他微生物的活动,从而制止养分被分解而破坏。

发酵是将含糖物质加在碎秸秆上,掺入过磷酸钙和尿素来培养酵母。或者先对纤维素进行水解,然后再进行发酵。在发酵过程中,菌种和农作物秸秆的种类、数量等都会对发酵结果产生影响。此方法技术要求较高,处理不好容易造成腐烂变质,这也是需要攻克的技术难关之一。

四、综合处理方法

多种方法的综合应用是处理农作物秸秆的重要思路。秸秆生物化学转化是先酸解或水解,然后发酵。秸秆热化学转化包括燃烧、气化、热解和直接液化等过程。秸秆热解、液化和与煤共热解等都是综合处理方法。秸秆热解就是在完全缺氧条件下,产生液体、气体、固体三种产物的热降解过程,利用热能使大分子量有机物的化合键断裂,使之转变为含碳原子较少的低分子量物质。气化是指秸秆在高温及缺氧条件下,热解产生一氧化碳与气化介质(空气、氧气、水或氢气),在一定条件下再发生热化学反应,产生以一氧化碳、氢气或甲烷为主要成分的可燃气体的转化过程。

具体技术路径详见图 4.2。

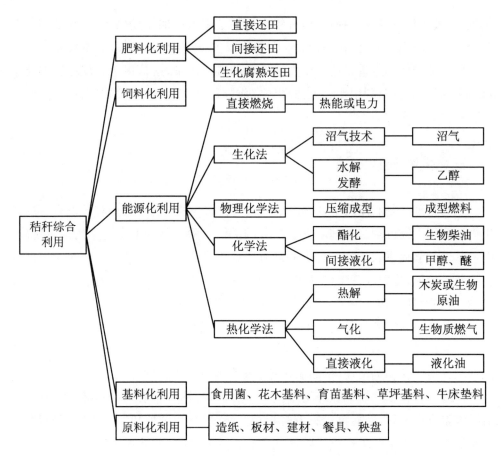

图 4.2 我国秸秆综合利用的主要技术方法

第二节 秸秆综合利用存在的主要问题及原因分析

近年来,国家对农作物秸秆禁烧和综合利用工作高度重视,采取了一系列行之有效的措施,有效遏制了焚烧秸秆的现象。但秸秆焚烧事件仍时有发生,2017年5~8月,我国环境卫星监测到全国秸秆焚烧火点共843个,少数地方夏收期间仍然浓烟滚滚,火光冲天,麦田一片焦黑,有的高速公路和城市能见度不足百米,严重影响城乡居民生产生活。总体上看,我国秸秆禁烧和综合利用问题还没有得到根本解决,秸秆焚烧已成为群众反映的热点问题、政府推动的难点问题、环境保护的焦点问题。

一、秸秆传统功用退化与新功能仍未充分发挥的矛盾

当前,我国农作物秸秆作为传统燃料、饲料、肥料、盖房材料所能发挥的功能逐渐丧失,而新的综合利用功能开发不够、产业化程度低、综合利用成本高、经济性较差,这是导致秸秆成为废弃物的根本原因。

(一)农民不用秸秆作燃料

20 世纪 90 年代之前,由于农村燃料来源单一,农民都会在午收、秋收的时候把各种秸秆拉回家贮存起来,用来烧火做饭或冬季取暖。随着农村生活条件的逐步改善,电磁炉、电饭煲、燃气灶等在农村日益普及,燃料的多样性给了农民更多的选择,而秸秆多烟、难存放、保存过程费时费力等诸多缺点逐一显现,由此决定了其最终退出了农村的燃料舞台。

(二)农民很少用秸秆作饲料

21 世纪以来,随着农业机械化的快速发展,耕牛退出农业生产,农作物秸秆作为耕牛饲料的需求大为减少。同时,随着农村青壮年劳力的大量外出务工,家家户户养牛养羊的历史一去不复返,秸秆作为粗饲料所能发挥的功能也逐渐丧失。

(三)秸秆作为肥料耗时费力

秸秆用作肥料耗时较长,耗费劳动力多,且见效慢,而当前化肥品种多样,使用化肥见效快,省时省力,秸秆作为肥料所能发挥的功能逐渐丧失。

(四)农民不用秸秆作盖房材料

20 世纪 80 年代以前,农村大都房屋是土墙、草顶,秸秆是农民盖房顶的主要材料,随着农村经济的发展,瓦、砖、水泥、钢筋成为农村主要建筑材料,秸秆作为盖房材料所能发挥的功能逐渐丧失。

二、茬口紧与大量秸秆须在短期内处置的矛盾

目前,联合收割机机手为了提高收获速度、减少机器磨损、节省燃油、保证割刀

安全,收割的时候留茬过高,大多数超过 15 厘米,有的甚至超过 20 厘米。而小麦收获结束到夏种之间仅有 15~20 天,这种每公顷至少有 3 000 千克的高茬麦秸,直接还田后,在 15~20 天的时间内无法完全腐烂,直接影响农民耕整地,尤其影响水稻秧苗栽插。虽然农作物秸秆综合利用产业发展较快,秸秆打捆离田有所进展,但各种主要模式基本上处于试点示范阶段,农作物秸秆实际消耗量甚小。农作物秸秆饲料化、基料化、能源化、工业原料化利用等的企业规模都很小,尤其是基本上没有实际大规模利用农作物秸秆的龙头企业。因此,农民最简单、最省力、最经济、最快捷的办法就是在下雨前焚烧秸秆,以确保夏种的顺利完成。

三、秸秆收运人力成本高与收益较低的矛盾

由于目前大量青壮年劳动力外出经商务工,导致农业副业化、农村空心化、生产机械化,农忙时节农村也只有留守老人、妇女和儿童,要想投入大量的劳动力从事价值不高的秸秆利用有相当大的难度。目前,在禁烧区每公顷补贴 450 元左右,而一个劳动力收集 1 公顷小麦秸秆最少需要七八天时间,补贴明显过低。即便有企业收购,所出的价格一般在每公顷 600~1 200 元,对农民根本产生不了吸引力。由于农民缺少专业的打捆机械,秸秆膨化又难以压缩,运输时每车装载的秸秆有限,从农村运到城镇集市出售,所得收入不及运费,经济上不划算。

四、分散小规模经营与技术推广难度大的矛盾

近年来,我国农业适度规模化经营水平虽然明显提高,但一家一户分散经营的比例仍达 65%,土地零碎,地块较小,这严重制约着大型拖拉机、联合收割机、秸秆还田机械、秸秆打捆机械的推广应用,造成大型机械有效利用率较低,部分地块秸秆还田质量不高。同时,秸秆发电、压板、炭化、气化、压块饲料等新技术目前仍在试验示范推广中,可以大面积推广的技术不多,大规模产业化亟待提升。而且新技术开发需要较高的经济投入,成本过高,一家一户难以办到,难以在较短时间内大面积推广和应用。

五、大量连续还田与可能造成风险隐患的矛盾

目前,我国农作物秸秆还田主要有两种方式,机械粉碎后直接还田和高温堆肥

后还田。其中,秸秆高温堆肥符合自然规律,可以就地就近实施,在缺少化肥的年代曾是农业肥料的重要来源。从现代农业的要求来看,高温堆肥也是改善土壤肥力,发展循环农业、有机农业、绿色农业的有效途径之一。但综合分析,高温堆肥需要"先堆后分",付出两次劳动,费工费时,与所付出的工作量和成本相比,利用效益相对较低。据测算,堆1吨肥综合成本需要160元,仅相当于120元化肥肥效,并且施用又不如化肥便捷,农民对堆肥的意愿不强、积极性不高,大规模推广难度较大。

目前,秸秆经机械粉碎后直接还田也存在一些问题:秸秆还田所需的大型动力机械及配套农具明显缺乏,影响了"还田"效果;作业效率下降,在作物收获时将秸秆切碎抛洒,增加了机械负荷和故障频率,降低了作业效率;另外秸秆直接还田还存在潜在风险,秸秆还田需要农机农艺密切配合,对秸秆粉碎作业、耕整地作业、下茬作物播种及管理均有很高的要求,若结合不紧或操作不当,会出现还田秸秆与作物幼苗"争氮、争水",导致出苗率降低。特别是秸秆连续多年全量还田后,增加了病虫草害的发生几率,还有可能形成"海绵田",加大农作物倒伏的风险。

第三节 秸秆微生物利用具体途径

当前,我国农作物秸秆综合利用技术很多,产业化路径较多,但总体经济效益差,加快秸秆微生物利用开发,将是一条前景可期的路径。

一、秸秆微生物能源化

秸秆的能源化主要是通过堆沤和厌氧发酵生产沼气作为清洁能源使用。采用农作物秸秆作为发酵原料,通过添加秸秆发酵菌剂制取沼气,秸秆中蕴藏的通过光合作用积累的生物能,通过沼气这种可燃气体释放出来,再进入新的物质能量循环系统,能够得到最大程度的利用。

将秸秆收集后,堆积在田间,为不影响农田的进一步使用,需尽快清运至秸秆处理场所。在厌氧发酵厂,将秸秆投入厌氧发酵槽之前,添加有机肥或有机污泥混拌,以提供发酵所必需的微生物和养分,调整合适的含水率、碳氮比和磷、钾等元素含量。厌氧发酵会产生沼气和沼渣,沼气可直接出售,也可通过蒸汽机发电,转化为电能出售；或者将此过程中产生的蒸汽出售，也可取得不错的经济效益。而沼渣则是良好的有机肥原料，可经堆肥用于生产有机肥。秸秆厌氧发酵后产气产电的流程详见图4.3。

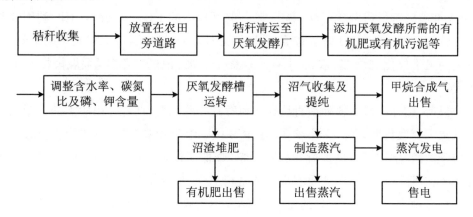

图 4.3　秸秆厌氧发酵产气发电流程图

二、秸秆微生物肥料化

秸秆的肥料化主要是通过机械化全量还田、生物反应堆、堆腐还田等技术，使秸秆作为肥料回归土壤。肥料化生产是秸秆综合利用的重要方式之一，尤其结合禽畜粪便共同进行肥料化生产，能使秸秆和禽畜粪便都得到有效利用。目前秸秆的肥料化方法主要有覆盖、翻埋还田技术，生物反应堆技术，过腹还田技术和快速腐熟（堆沤）还田技术。秸秆覆盖还田技术是将农作物秸秆粉碎或整株覆盖地面，向秸秆喷洒禽畜粪肥及有机酵素，不经翻种，直接进行覆盖播种，使秸秆直接还田。而翻埋还田则是将机械粉碎后的秸秆，或者整株秸秆，或者秸秆根茬，铺放田间，用犁或旋耕机混埋平整。秸秆覆盖还田流程详见图4.4。

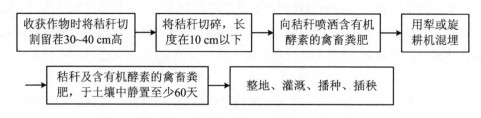

图 4.4　秸秆覆盖还田流程图

秸秆腐熟堆沤还田是在秸秆中加入动物粪尿、微生物菌剂、化学调理剂等物质后,经人工堆积发酵成为有机肥料,然后施入农田的秸秆利用方式。秸秆生物反应堆技术是指将秸秆埋置于农作物行间、垄下(内置式)或堆置于温室一端(外置式),秸秆在微生物菌、催化剂、净化剂等作用下,定向转化为植物生长的二氧化碳、热量、有机养料和无机养料等,同时通过接种植物疫苗,提高作物抗病虫能力,减轻或减缓病虫害。秸秆腐熟流程详见图4.5。

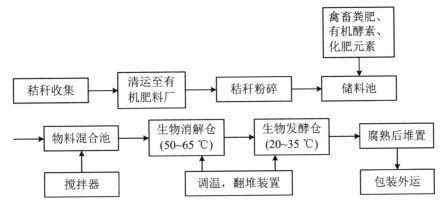

图 4.5 秸秆腐熟流程图

目前,合肥工业大学科研团队研发的有机酵素,可应用于秸秆还田使用。具体方法是将农田犁成一条条平行的沟道,深约30厘米,将秸秆铺于沟道底部,再将有机酵素溶液与禽畜粪肥混合的未发酵有机肥施撒在秸秆上,再将土壤覆盖于其上,经60～90天,可完全腐熟。若上述禽畜粪肥的来源有限,导致施用量不够,则须配合化肥使用。上述秸秆还田的方法,可增加土壤的肥分,提升土壤有机质含量,增加土壤的通气性,改善长期施用化肥造成的土壤酸化、硬化、盐化的土壤贫瘠现象,增强作物抵抗力,减少病虫害,增加作物产量,实现农业增效、农民增收。

三、秸秆微生物饲料化

借助微生物发酵和生物酶的作用,能有效改变秸秆的理化性状,将秸秆中大分子物质发酵成易消化吸收的小分子物质,达到提升饲料适口性、增强营养价值的目的,这是生物处理技术工作的基本原理。目前,微生物处理技术有青贮、微贮、酵解以及半干青贮四种,经此技术处理的饲料可用于奶牛、肉牛、山羊等饲草动物的养殖。

一是青贮。秸秆本身含有乳酸菌等有益菌,经发酵后分解产生乳酸。当酸度达到一定的标准,能有效抑制有害微生物的繁殖增生,达到长久保存饲料的目的。

适合青贮的饲料有玉米、高粱等秸秆。将秸秆切短后,放入密封容器,经若干天发酵后,可直接饲喂家畜。

二是微贮。微贮与青贮类似,不同之处在于,微贮早先须添加定量的微生物添加剂,借助微生物的酶解作用软化秸秆,转化秸秆中的有机碳水化合物为糖类,最终形成可利用的乳酸和挥发性脂肪酸,提高瘤胃对秸秆的利用率。适合微贮的秸秆有麦秆、玉米秆等。

三是酶解。酶解指利用饲料酶制剂把属于大分子物质的淀粉、蛋白质和纤维素等分解成易消化吸收的糖类和氨基酸等小分子物质,从而提高饲料的利用率,改善饲料品质。目前使用的酶制剂主要有蛋白质酶、淀粉酶、纤维素分解酶以及复合酶制剂等。

四是半干青贮。半干青贮的原理与乳酸发酵青贮原理不同,它是将原料水分降低到40%～50%时,使植物细胞液变浓,细胞质的渗透压增高,可高达50～60个大气压,在这样的条件下,腐败菌、丁酸菌、乳酸菌的生命活动接近于生理干燥状态而被抑制,不能生殖,发酵不能进行,从而使养分保存下来。

农作物经饲料化后,其含有的纤维素、碳水化合物、维生素、矿物质等营养成分,转化为肉、奶等畜牧产品,牲畜产生的粪尿发酵后作为有机肥施入农田,这种秸秆过腹还田的方法,使得秸秆经加工、调制以及家畜的消化、吸收,最终转化为肥料。最终用于产肥的家畜排泄物,其成分和性状都发生了质的变化,肥效比秸秆直接肥料化还田强,利于作物吸收。不仅实现了废物资源化,也实现了能源的过腹增值化。

秸秆青贮饲料化技术,是指把秸秆埋入密闭的设施里(青贮窖、青贮塔等),在适宜的条件下进行厌氧发酵,有益菌如乳酸菌等会大量繁殖,经过微生物的发酵作用,同时抑制有害微生物,从而达到保存饲料营养成分的目的。适用于该技术的秸秆主要有玉米秸、高粱秆等。秸秆青贮流程详见图4.6。

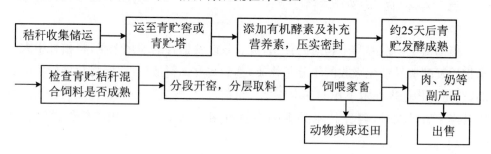

图4.6 秸秆青贮流程图

王燕等利用黑曲霉和乳酸菌对玉米秸秆进行发酵,结果显示玉米秸秆中高分子量蛋白质含量降低了65.92%,低分子量蛋白质含量提高了172.70%,显著提高了玉米秸秆的营养价值。这也说明,通过适当的预处理,可以提高玉米秸秆的饲用价值,将其变废为宝,再应用于畜牧养殖。

利用植物秸秆发酵生产蛋白质饲料是我国解决动物蛋白质不足的重要途径,它不仅具有投资少、能耗低、操作简便的优点,而且秸秆的来源广泛,制成的饲料营养价值高,实现了农业秸秆的再利用。对于秸秆发酵的物理、化学预处理过程,以及如何实现不同菌种的最优化组合,属于前沿生物科技的研究领域,需要加强研究。

四、秸秆微生物原料化——制液化乙醇

使用秸秆制液化乙醇的原料包括玉米、大豆、棉花、水稻等农作物秸秆,需要添加糖化酶和酵母菌种等微生物。工艺包括预处理、水解、发酵3个步骤。利用农作物秸秆为原料生产液化乙醇,同时可联产丁二酸。丁二酸可生产新型可降解塑料PBS等新材料,有着极其广阔的投资与应用前景。据了解,我国每年约产生1.5亿吨玉米秸秆,利用纤维素转化利用技术,可生产1 500万吨生物燃料及1 800万吨加工产品,相当于4 500万吨石油产生的价值。但是,用秸秆制液化乙醇,所需费用甚高,目前尚属研发阶段,距大规模生产仍有较大距离。利用秸秆制液化乙醇流程详见图4.7。

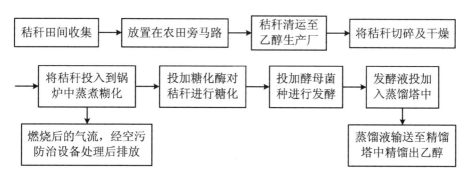

图4.7 利用秸秆制液化乙醇流程图

五、秸秆微生物基料化——生产食用菌

秸秆基料化是指是秸秆经粉碎、切段后,作为禽畜养殖场的褥垫,或与畜禽粪

便堆沤作为食用菌栽培的基料使用。农作物秸秆经加工可制成食用菌培养基料、育苗基料、花木基料、草坪基料等。目前主要以食用菌基料为主,生产食用菌后的基料富含营养,既能加工成饲料实现过腹还田,也可作为优质有机肥直接还田。利用秸秆生产食用菌流程详见图4.8。

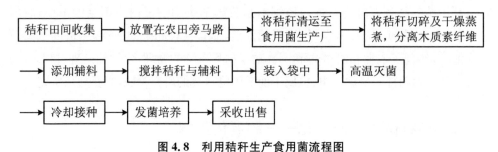

图4.8 利用秸秆生产食用菌流程图

第四节 农作物秸秆综合利用典型模式与案例

经过多年的探索与实践,农作物秸秆综合利用在微生物方面有诸多模式,目前占主导地位的主要有秸秆还田肥料化、沼气能源化等。

一、农作物秸秆机械化还田

(一)农作物秸秆机械化还田是秸秆综合利用的主渠道

农作物秸秆还田目前是国内外通用的农作物秸秆综合利用的重要途径之一。秸秆还田可以增加土壤有机质,培肥地力,发展循环农业,提高农业综合生产能力。农作物秸秆还田主要有秸秆机械粉碎还田、保护性耕作、快速腐熟还田、堆沤还田等方式以及生物反应堆等几种方式。主要操作步骤是将收获后的农作物秸秆刈割或粉碎后,翻埋或覆盖还田,经微生物作用,腐烂分解,为土壤增加有机质和无机盐养分,保墒、保水,增加土壤透气性,改善土壤板结现象。尽管农作物秸秆还田好处很多,操作方法也成熟,却仍有一系列潜在风险,具体为:农作物秸秆主要成分是碳素,所以在农作物秸秆还田的同时要考虑土壤碳氮比例,须增施尿素等肥料维持土壤结构平衡;农作物秸秆还田会增加农民额外的劳动力成本,如秸秆粉碎还田机械作业费用、翻耕碾压费用等；农作物秸秆还田将导致病原菌危险加剧，将增加农药使用量等。

农作物秸秆机械化还田易操作，尤其是联合收割机加装粉碎还田装置后，可实现复式作业，可适应农时要求。经过数年推广，目前已形成适应我国农业实际的农作物秸秆机械化还田技术工艺，完善了稻油、稻麦、麦玉等3种种植制度条件下的机械化还田技术体系。随着生产水平的不断提升，农作物秸秆量也不断增加。在多元化高效处置措施尚未普及的过渡时期，秸秆综合利用的主要途径仍是机械化还田。

（二）农作物秸秆机械化还田还存在一些亟待解决的问题和困难

虽然农作物秸秆机械化全量还田技术成熟可靠、实用可行，是解决秸秆焚烧难题最直接、最便捷的方式。但在近年来的实践中也出现了较多的问题，如增加生产成本、积累病原菌、加重土壤负荷、造成面源污染和对后茬作物有一定的影响等一系列问题。

1. 增加了农业生产成本

目前我国农作物秸秆机械化还田量较大，直接还田后造成化肥、农药使用量增加，增加了农业投入。秸秆还田后，秸秆腐熟分解需要调节至适宜的碳氮比才不至于影响后茬作物正常生长，这就需要增施氮肥让其能够发酵及快速腐烂。这导致农作物秸秆机械化全量还田后每公顷需增施氮肥150～300千克。

2. 积累了病原菌

秸秆连续还田，导致病虫基数扩大，尤其是生产实践中带病秸秆难以剔除，直接还田后由于没有消灭病原体，为后期植物生长带来隐患。秸秆直接还田导致残留的病原菌难以移出大田，使田间土壤病原菌数量不断累积增加，易导致作物根部病害的发生和蔓延，为病原菌与害虫的休眠和繁殖提供了条件，玉米苗期黏虫、二点委夜蛾、蟋蟀等害虫明显增加，玉米花叶病、茎腐病、顶腐病、青枯病、纹枯病等病害也呈现逐年加重的现象，大豆植株上蜗牛增多，水稻苗期病害也增多，秋季田地里杂草也随之增多。

3. 超过土壤负荷能力

随着粮食种植水平的提升，农作物秸秆量不断增加。农作物秸秆机械化全量还田后土壤中秸秆量过大，超过土壤耕作层消纳能力。主要表现为碳氮比失调、土壤大小孔隙比例不合理等。秸秆还田后，使土壤变得过松，大孔隙过多导致跑风，土壤与种子不能紧密接触,影响种子发芽生长,使小麦扎根不牢,甚至出现吊根。调研反映,秸秆连续两年还田后负面影响陆续出现。

4. 加重农业面源污染

秸秆还田后,秸秆在田里腐化,如在腐化期遇到大雨,腐化的秸秆便会随水排出,从而造成区域水环境污染。随着农作物秸秆机械化全量还田的大面积推广,不利条件下的区域水环境污染加重。秸秆还田后病虫进入土壤,增加了治理难度。秸秆每茬还田,越积越多,将影响作物收成,降低粮食品质,增加农药使用量,农药残留将影响作物品质。

(三)加强农机农艺农信融合,不断优化还田利用体系

美国、俄罗斯等发达国家秸秆还田之所以取得较好的效果,是因为地广人稀,实行耕地轮作制,美国休耕一年,俄罗斯休耕两年。而我国人多地少,反复轮作,秸秆在田里没有完成完全腐熟的时间和过程,反而成了病虫的休眠床和培养基。

在农作物秸秆离田利用需要一个过程和目前难以消化全部秸秆的情况下,农作物秸秆机械化全量还田是当前和今后一个时期内利用的主要途径。因此,应开展长期还田下的技术研究,对长期秸秆还田的配套栽培技术、对土壤的影响、对病虫草害发生的影响予以长期跟踪研究。推广部门应联合科研单位,深入开展相关研究,不断完善各项技术及田管细节,制定相关技术规范;大力推广保护性耕作技术;鼓励购置大型机械免耕直播设备,大力推广保护性耕作技术;在适宜地区推广玉米免耕直播、麦茬夏大豆免耕覆秸播种、麦田套种西瓜等成熟模式;改进还田方式;针对农作物品种和耕作模式,科学采用粉碎还田、深翻深耕轮作等方式,提高耕地质量,提升利用效果;有条件的地方每2~3年要进行一次还田耕地深翻作业;鼓励秸秆生物质有机肥生产,实现资源循环利用。制定病虫草害和土壤可耕性及地表水污染预警机制和预防措施;提升还田利用服务能力;加强农机农艺农信融合,完善机械化秸秆还田农艺配套措施,加快农机产业发展,确保秸秆还田效果。

二、半干青贮饲料化

近年来,欧美等国采用低水分青贮法,也称半干青贮。半干青贮技术是调制青贮料的一种新方法,用此方法调制的青贮饲料,基本上保持了原饲料的营养成分,养分损失仅为10%~15%。使原来难以青贮的豆科牧草如苜蓿、三叶草等都能获得较好的青贮效果。现以苜蓿半干青贮为例,简要介绍如下:

（一）半干青贮的调制方法

1. 收割

苜蓿的收割期以孕蕾期和始花期最好,以水分而言,含水量在77%~79%时收割最好。

2. 晾晒

晾晒是调制半干青贮的重要环节,因为水分的含量是否合适直接关系到调制的成败。经晾晒的苜蓿含水量达到40%~60%时应立即收集。

3. 装窖

由于半干青贮对原料水分含量要求严格,装窖必须迅速。装窖时应从窖的一头两个角开始填装,逐层压实,用于半干青贮的窖不能太大,开始装窖到封窖不得超过48小时。

4. 封窖

窖装好后先覆塑料膜,膜上铺麦草,最后用20厘米厚的泥土封顶,随时整修,严防漏气和进水。

5. 开窖

青贮30天后,即可启封饲用。开封后应注意保护暴露面,以减少水分损失,不可暴晒和被雨淋。

（二）半干青贮的利用和效益

苜蓿半干青贮比苜蓿干草能保存更多的蛋白质和胡萝卜素,营养价值也相应提高。据测定,苜蓿半干青贮粗蛋白质含量为13.07%,苜蓿干草为9.61%;消化率前者为56%,后者为50%。胡萝卜素含量:新鲜苜蓿为2.25毫克/100克,苜蓿半干青贮为2.09毫克/100克,苜蓿干草为1.37毫克/100克。产奶净能:苜蓿半干青贮为1.33兆卡/千克干物质,苜蓿干草为1.20兆卡/千克干物质。用于喂产奶牛,食用苜蓿半干青贮的奶牛比苜蓿干草的奶牛日产奶量每天提高2.07千克,乳脂率提高10克。每头奶牛每天可增收0.89元,并可降低饲料成本25%~30%。

三、格义公司分级利用联产模式

安徽格义循环经济产业园有限公司,是一家专业从事农林废弃物资源化高效综合利用技术和相关产品研发、生产及销售的高新技术企业。2016年底该公司完成重组,中信集团成为该公司第一大股东。

(一)项目基本情况

格义公司项目总投资6.5亿元,占地26.67公顷,已被列入安徽省"861"重点建设项目。具体生产内容为:一是建设年处理10万吨农林废弃物资源化高效综合利用生产线;二是建设年产4.5万吨生物质颗粒成型燃料生产基地;三是建设现代农业示范基地;四是建设安徽省农林生物质资源综合利用工程技术研究中心;五是建设生物质资源高效综合利用成套技术装备生产基地;六是建设年产3万吨高档本色生活用纸项目(二期工程)。

(二)工艺路线与产品

采用"三级分离"的成套技术与装备,分级利用。

1. 一级分离系统

格义公司采用物理处理方式将生物质中可发酵的半纤维素组分进行水解,经厌氧发酵生产沼气并发电上网,产生的沼液可生产有机液肥。1吨小麦秸秆分离出的半纤维素,约可生产沼气120立方米,该沼气甲烷含量达65%以上,可发电约300千瓦时(已入网)。

2. 二级分离系统

去除半纤维素后的物料,经连蒸工艺技术再分离出纤维素,纤维素可直接生产本色生活用纸。

3. 三级分离系统

剩余的液态物质,再经提纯、浓缩、干燥和自动包装等工艺后制成生化木素产品。

(三)效益分析

该项目每年可消纳农作物秸秆约18万吨,生产清洁沼气电力2 800万千瓦时,可减少6 500吨标煤燃烧排放;可产生秸秆有机液250万吨,保障约16.67万公顷耕地所需要的有机肥;可年产生化木素1.5万吨、纤维素浆粕3.4万吨或生产高档本色生活用纸约3万吨、工业化生产沼气1 100万立方米、秸秆有机液液250万吨。可实现年销售收入4.5亿元以上,利税1.8亿元,4年即可收回投资。

（四）产业发展模式

为便于原材料"收、储、运"环节更高效地运行，加强成本控制和解决一次性投资较大的问题，将原材料"收、储、运"和一级分离提取半纤维素之前的全部生产环节前置，在原材料、劳动力丰富的乡镇，分批建设预处理厂。然后若干个预处理厂配套建设一个后续加工厂，由预处理厂为后续加工厂提供半成品原料。公司已与阜南县胜天新能源开发有限公司合作，在阜南县地城镇率先建设农作物秸秆预处理示范工程。逐步形成原料收、储和初加工分布在乡镇（村），高值化加工厂建设在开发区的农作物秸秆综合利用产业发展格局。

第五节 "十三五"时期我国秸秆综合利用思路与措施

贯彻落实党的十九大精神，以习近平新时代中国特色社会主义思想为指导，统筹推进"五位一体"总体布局和协调推进"四个全面"战略布局，牢固树立和贯彻落实创新、协调、绿色、开放、共享的发展理念，按照"坚持全民共治、源头防治，持续实施大气污染防治行动，打赢蓝天保卫战"要求，"十三五"时期我国坚持节约资源和保护环境的基本国策，以全面提高秸秆综合利用率为目标，以秸秆综合利用政策建设为保障，以科技创新为动力，坚持市场运作，不断完善秸秆收储运体系，持续推进秸秆肥料化、饲料化、燃料化、基料化和原料化利用，形成布局合理、多元利用的产业化格局，促进农民增收、环境改善和农业可持续发展，力争到2020年我国秸秆综合利用率达到85%以上。

一、重点实施领域

"十三五"时期，我国秸秆综合利用重点在肥料化、饲料化、燃料化、基料化和原料化五大领域实施和推进。

（一）秸秆肥料化利用

继续推广普及保护性耕作技术，以实施水稻、小麦、玉米等农作物秸秆直接还田为重点,制定秸秆机械化还田作业标准,科学合理地推行秸秆还田技术;结合秸秆腐熟还田、堆沤还田、生物反应堆以及秸秆有机肥生产等,提高秸秆肥料化利用率。

(二)秸秆饲料化利用

秸秆是牛羊粗饲料的主要来源,要把推进秸秆饲料化与调整畜禽养殖结构结合起来,在粮食主产区和农牧交错区积极培植秸秆养畜产业,鼓励秸秆青贮、氨化、微贮、颗粒饲料生产等技术及应用的快速发展和普及。

(三)秸秆能源化利用

立足于各地秸秆资源分布的实际,结合乡村环境整治和节能减排措施,积极推广秸秆直燃发电、沼气、生物气化、热解气化、固化成型、炭化等技术,推进生物质能利用进程,改善农村能源结构。

(四)秸秆基料化利用

大力发展以秸秆为基料的食用菌生产,培育壮大秸秆生产食用菌基料龙头企业、专业合作组织、种植大户,加快建设现代高效生态农业;利用生化处理技术,生产育苗基质、栽培基质,满足集约化育苗、无土栽培和土壤改良的需要,促进农业生态平衡。

(五)秸秆原料化利用

围绕现有基础好、技术成熟度高、市场需求量大的重点行业,鼓励生产以秸秆为原料的非木浆纸、木糖醇、包装材料、降解膜、餐具、人造板材、复合材料等产品,大力发展以秸秆为原料的编织加工业,不断提高秸秆高值化、产业化利用水平。

二、重点建设工程

"十三五"期间,我国围绕秸秆肥料化、饲料化、能源化、基料化、原料化和收储运体系建设等领域,大力推广秸秆用量大、技术成熟和附加值高的综合利用技术,因地制宜地实施重点建设工程,推动秸秆综合利用试点示范进程。

(一)秸秆科学还田工程

以推进耕地地力保护、秸秆资源化利用和农业可持续发展为目标,科学制定区域秸秆还田能力标准,通过发展专业化农机合作社,配备秸秆粉碎机、大马力秸秆还田机、深松机等相关农机设备,大力推进秸秆机械化粉碎还田和快速腐熟还田,继续推广保护性耕作技术。鼓励有条件的地方提高秸秆还田财政补贴标准。

(二)秸秆基料化利用工程

重点推广双孢蘑菇、草菇以及我国自主研发、能够充分消耗农作物秸秆的大球盖菇等菌类种植,积极发展秸秆秧盘育苗、花木基质、草坪基料、温室大棚育苗等生产模式。

(三)秸秆收储运体系工程

根据秸秆离田利用产业化布局和农用地分布情况,建设秸秆收储场(站、中心),扶持秸秆经纪人专业队伍,配备地磅、粉碎机、打捆机、叉车、消防器材、运输车等设备设施,实现秸秆高效离田、收储、转运、利用。

(四)产、学、研技术体系工程

围绕秸秆综合利用中的关键技术瓶颈,遴选具备优势的科研单位和龙头企业开展联合攻关,提升秸秆综合利用技术水平。引进、消化、吸收适合中国国情的国外先进装备和技术,提升秸秆产业化水平和升值空间。尽快形成与秸秆综合利用技术相衔接、与农业技术发展相适宜、与农业产业经营相结合、与农业装备相配套的技术体系,并按标准进行生产和应用。

(五)秸秆土壤改良示范工程

以提升耕地质量为发展目标,推广秸秆炭化还田改土、秸秆有机肥施用,重点支持建设连续式热解炭化炉、翻抛机、堆腐车间等设备设施,加大秸秆炭基肥和商品有机肥施用力度,推动化肥使用减量化,提升耕地地力。

(六)秸秆种养结合示范工程

在秸秆资源丰富和牛羊养殖量较大的粮食主产区,扶持秸秆青(黄)贮、压块颗料、蒸汽喷爆等饲料专业化生产示范建设,重点支持建设秸秆青贮氨化池,购置秸秆处理机械和饲料加工设备,提高秸秆饲用处理能力,保障畜牧养殖的饲料供给。

(七)秸秆清洁能源示范乡镇(园区)建设

在秸秆资源丰富和农村生活生产能源消费量较大的区域,大力推广秸秆燃料代煤、炭气油多联产、集中供气工程,配套秸秆预处理设备、固化成型设备、生物质节能炉具等相关设备,推动城乡节能减排和环境改善。

(八)秸秆工农复合型利用示范工程

以秸秆高值化、产业化利用为发展目标,推广秸秆代木、清洁制浆、秸秆生物基产品、秸秆块墙体日光温室、秸秆食用菌种植、作物育苗基质、园艺栽培基质等,实现秸秆高效利用。

三、保障措施

(一)加强组织领导

秸秆综合利用是一项涉及部门多、技术性强的重要工作,应提高认识,将秸秆综合利用作为推进节能减排、发展循环经济、治理大气污染、促进生态文明建设、增加农民收入的重要内容,精心组织推进。同时做好种植、畜牧、农机、环保、能源等部门的统筹协调工作。

(二)强化政策支持

着力整合大气污染防治、秸秆综合利用试点相关财政资金,形成以财政投入为引导,以企业、农民投入为主体,多层次、多渠道、多元化的长效投资利用机制。考虑到各地财力的差异,应适当调整秸秆禁烧和综合利用奖补资金筹措方式,国家及省级贫困县配套资金由省财政全额承担,其他地区按原方式执行。从长远看,待秸秆禁烧取得阶段性成果后,政策支持的重点可向微生物化饲料化、肥料化、基料化利用倾斜,在奖补资金中设立相应专项资金,通过政策引导,形成多元互补、多渠道综合利用秸秆的政策支持体系。实行政策叠加支持,对于畜牧养殖企业、合作社和大户,当小麦、水稻、玉米秸秆利用量达到一定水平,即可享受秸秆利用奖补政策。对畜牧养殖专用机械可同等享受农机购置补贴。制定秸秆运输支持政策,在秸秆大量上市时期,为运输秸秆主体开辟高速绿色通道,并减免相关运输费用,打通秸秆利用的"最后一公里"。对秸秆综合利用产业化项目优先保障建设用地指标并适当降低投资强度要求,其中投资5亿元以上的单列下达建设用地指标。为符合产业规划的入园企业提供"一站式"进驻服务,通过租赁厂房、订制厂房、自建厂房等模式,满足不同成长阶段的企业的需求。

（三）培育壮大龙头企业

围绕秸秆收割、压缩、烘干、储存、运输以及综合利用、工业产品制造、市场营销等全产业链条，强化利益导向，系统谋划推动，扶持一批掌握核心技术、成长性好、带动力强的企业做大做强。通过推广跨区作业、承包作业、设备租赁等模式，发展一批规模化的收储运销一体化的龙头企业。鼓励优势农机企业、科研院所直接对接收储运销主体，开展订制化技术服务，研发先进实用、节能高效的压实打捆、烘干固化以及联合收割压缩机等装备，发展一批秸秆综合利用机械装备制造龙头企业。实施秸秆综合利用企业壮大工程，按照运营期、建设期、谋划期三种类型，对现有企业列出问题清单，进行点对点辅导帮扶，落实支持政策，迅速形成一批具有规模化效益的龙头企业。实施秸秆综合利用企业引进工程，积极对接国家秸秆产业技术创新战略联盟，瞄准国内外秸秆技术领军企业，加大产业招商力度，尽快引进一批引领产业高端发展的龙头企业。实施秸秆综合利用企业培育工程，加大引技、引智力度，通过知识产权入股等形式，从科技攻关、研发平台、人才引进、市场拓展等方面予以支持，逐步打造一批创新型龙头企业。建立秸秆综合利用产业化重点项目库，做到启动实施一批、谋划储备一批。计划到2020年，全国农作物播种面积3.33万公顷以上的县至少培育1个秸秆综合利用龙头企业，秸秆资源丰富的地区发展形成若干产业集群。

（四）拓宽融资渠道

通过整合相关专项资金和社会募资，设立环保产业基金，主要投向秸秆综合利用及其他节能环保产业，采取股权投资等方式，促进龙头企业和示范园区发展。鼓励各地相应设立秸秆产业发展基金，引入股权投资基金，带动社会资本投入，确保每个示范园区或秸秆综合利用主导产业对接一支基金。鼓励银行业金融机构根据秸秆综合利用项目特点，创新金融产品和服务，积极为秸秆收储、加工利用、技术研发等环节提供金融信贷支持。鼓励融资性担保机构加大对秸秆综合利用企业的担保力度。支持符合条件的秸秆综合利用企业发行企业债券、中小企业集合债券、短期融资券、中期票据等，推动符合条件的秸秆综合利用企业在多层次资本市场上市挂牌。对秸秆综合利用创新创业项目，由各地视质量和规模给予启动资金支持；对发展前景较好的，给予最高不超过投资额30%的跟进投资；对符合条件的中小型企业，按贷款利息50%给予补助，每家企业每年最高贴息额不超过50万元。

（五）高标准建设秸秆产业示范园区

根据当地资源禀赋，选择适宜的产业方向和技术路线，积极打造区域特色鲜明、布局合理、多元化利用的发展模式。加强分类指导，突出特色，依托产业集群和大型龙头企业，到2020年以高标准建设若干个分布合理、利用秸秆超过20万吨的以秸秆资源利用为基础的秸秆产业示范园区。集聚国内外研发力量和产业资源，打造集"创新研发、专利运营、成果转化、工程中试、规模生产、总部办公、会议展示"等功能为一体的秸秆技术应用产业生态圈，形成聚合效应、规模效应、示范效应、品牌效应。鼓励有条件的园区与世界一流的研发机构合作，加快设立联合实验室、工程研发中心、成果转化中心等技术与产业创新平台，在国内外申报或引进核心专利，参与相关技术标准的建立和标准化工作，举办国际化专业会议，抢占秸秆技术研发制高点，逐步将示范园区建设成为国内外秸秆综合利用先进技术的展示窗口，上下游产业集聚发展的产业基地，全方位提供技术、人才、资金、物流、信息服务的保障基地，以辐射带动区域内相关产业发展。

（六）强化人才和技术支撑

鼓励国内外研发团队入驻园区创新创业，择优将秸秆综合利用技术领军人才团队纳入省、市高层次科技人才团队创新创业扶持计划，给予专项资金参股支持，并可在3年内免费使用园区研发用房和技术公共服务平台。选配知识结构好、业务能力强、熟悉情况的骨干人员，组建秸秆综合利用专家工作组。

秸秆的收集、储运、初加工、综合利用等各个环节都需要技术支撑，技术创新是秸秆综合利用产业化的关键一环。设立秸秆利用产业发展基金，将作物矮化育种等品种研究、秸秆综合利用技术攻关等纳入其中。引导高校、科研单位和龙头企业进行联合攻关，开展关键和共性技术研发，充分挖掘秸秆利用潜力，提高秸秆利用效益。加大机械设备开发力度，引进、消化、吸收国内外先进装备和技术，为秸秆直接还田或高效离田提供保障。加快制定秸秆综合利用的技术路线、方案和标准，尽快形成与秸秆综合利用技术相衔接、与农业技术发展相适应、与农业产业化经营相结合、与农业装备相配套的技术体系。开展秸秆利用技术培训，加快对国内外先进工艺和方法的引进、消化、吸收再创新，开辟秸秆利用新途径。

第五章 畜禽废弃物的综合利用

当前,我国畜禽养殖规模居世界第一位,这对于提升我国人均肉类消费水平,改善我国人民的膳食结构,提高人民生活水平,增加玉米等饲料粮的附加值,提升农作物秸秆、麸皮等农业废弃物的综合利用水平,加快现代农业发展,促进农业增效、农民增收有重要作用。但是随着我国大量青壮年劳动力向非农产业转移,特别是化肥工业的快速发展,我国养殖业产生的畜禽粪便和污水从原来的有机肥沦为了废弃物,成为当前农业面源污染和农村环境污染的主要源头。如何妥善解决畜禽粪便、养殖污水已成为我国农业面源污染和农村环境治理的重大难题。

第一节 我国畜禽废弃物综合利用现状

近年来,我国畜牧业持续稳定发展,有力保障了肉、蛋、奶等"菜篮子"产品供给,为农牧民增收做出了重大贡献。2016年,我国肉蛋奶产量达到1.5亿多吨。其中,肉类总产量为8 538万吨,稳居世界第一。具体来说猪肉产量为5 299万吨、牛肉717万吨、羊肉459万吨、禽肉1 888万吨。禽蛋产量为3 095万吨。牛奶产量为3 602万吨。与此同时,全国畜禽养殖产生粪污约38亿吨,超过40%未有效处理和利用,不仅对大气、水体、土壤和生物造成污染,还给周边居民生产生活和环境带来不利的影响。

一、目前造成的主要污染

20世纪90年代前,畜禽粪便是农民广泛使用的优质有机肥,但是随着我国农业生产条件的改善,大量青壮年劳动力向非农产业转移。同时养殖业向集约化方向发展,我国种植业自20世纪90年代中期后开始大量施用化肥,忽视了有机肥的使用,大量的农家肥,尤其是畜禽粪便被遗弃,畜禽粪便由宝变为废物,成为我国农业和农村环境的污染源。目前,我国每年产生38亿吨畜禽粪便和污水,综合利用率不到60%。根据第一次全国污染源普查公报显示,畜禽养殖业排放物的化学需氧量(COD)、总氮(TN)、总磷(TP)排放量分别占农业源污染物排放总量的96%、56%和38%,已成为农业面源污染的主要源头。

(一) 对大气的污染

养殖畜禽排泄物的臭气主要产生于畜舍、化粪池等,大量腐臭气体严重污染大气。刚排泄出的畜禽粪便含有害气体,在未能及时清除或清除后不能及时处理时其臭味将成倍增加。研究表明,畜禽粪便中散发的气体由120种化合物组成,其中主要成分有氨、甲烷、二氧化氮、二氧化碳、粪臭素、硫化氢等气体。特别是畜禽排泄物在无氧条件下,未发酵的营养物质会发酵产生氨气、粪臭素等有毒有害气体,其中对空气质量影响最严重的是氨气。氨气是一种有毒气体,氨气进入畜禽呼吸系统后,可引起畜禽分泌物增加、上呼吸道黏膜充血,导致畜禽咳嗽,甚至引起肺部出血和炎症。养殖业还排放与全球气温升高有关的气体,目前大气层中的甲烷浓度以每年约1%的速度增长,其中畜禽年产生的甲烷约占大气中甲烷气体总量的1/5。因此,随着养殖业的发展,这些温室效应气体释放量会加大,对环境造成的影响也会加重。

(二) 对水体的污染

集约化的养殖方式需要大量的生产性用水,用于冲洗圈舍、动物饮用等。如果粪便不能及时处理,就会随着污水通过地表径流而侵蚀、污染地表或地下水。地下水一旦被污染,需300年才能净化。地表水被污染后,除产生大量蚊蝇及其他昆虫外,如用作灌溉用水,还会导致作物晚熟或不熟,还可能出现大面积腐烂,造成减产甚至绝收。此外,由于畜禽粪便中富含氮、磷有机物,如果这些污水不经处理直接排放至周边水体,也极易导致水体富营养化。

(三)对土壤的污染

畜禽粪便中含有大量氮、磷化合物、重金属和病原菌微生物,如果有足够的土地消纳,氮、磷成分会成为植物优质的营养源;如果过量施用或堆放处理方式方法不当,含氮化合物会分解形成亚硝酸盐,当它的含量过高时,不仅会对土壤造成污染,使土壤表面有硝酸盐渗出,而且可通过土壤冲刷和毛细管作用造成地下水、地表水的污染。磷化合物大多富集在土壤的表层,具有累积效应,容易导致作物疯长或倒伏。同时,土壤中过量的重金属容易被植物的根系吸收并向籽实迁移,由此进入食物链,从而使多数农产品的重金属含量超过国家标准,对人畜健康构成威胁。

(四)对生物的污染

据检测分析,畜牧场所排放的每毫升污水中平均含33万个大肠杆菌和69万个肠球菌。沉淀池内每升污水中蛔虫、毛首线虫卵分别高达193个和106个。如果粪便未能及时处理,会变成传播疾病的传染源。畜舍内的污染物是致病细菌和真菌传播的载体,尘埃和空气可加速这些病原体的传播。污染物中的寄生虫体、虫卵等可使病原菌种类、数量增大,会造成传染病和寄生虫的蔓延,将给养殖业带来巨大危害。因此,畜禽粪便不仅危害养殖区域的环境,还制约了养殖业的健康可持续发展。

全国现有多种畜禽粪便处理模式,但治理效果并不是很理想,要么是技术模式不成熟、不完善,干粪好利用,污水难处理;要么是经济上不可行,投入及运行成本过高过大。

二、我国畜禽养殖废弃物综合利用的主要技术模式

经过我国科技人员和养殖主体多年的精心探索与实践,目前,我国应用较为广泛的畜禽养殖污染防治技术模式主要有三种:一是沼气系统技术模式,以沼气系统为核心的能源化利用技术模式;二是"堆肥+污水处理"技术模式,基于干湿分离的固体粪便发酵堆肥和污水处理的达标排放技术模式;三是生物发酵床技术模式,以生物发酵床为主的生态养殖技术模式。

(一)沼气系统技术模式

沼气系统技术模式是指畜禽粪、尿等有机废弃物,在一定的温度、水分和厌氧

条件下,经过数量巨大、种类繁多、功能不同的各类微生物的分解代谢,最终分解成甲烷和二氧化碳等混合性可燃气体的复杂生物化学过程,从而达到畜禽养殖废弃物综合利用的目的。沼气系统具体包括产气系统、沼液处理系统和沼渣堆肥处理系统。沼气系统技术模式详见图5.1。

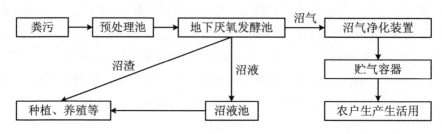

图5.1 沼气系统技术模式图

(二)"堆肥+污水处理"技术模式

堆肥处理是利用畜禽粪便的生物发酵原理,在适宜的温度、湿度、碳氮比、通气量和pH值等条件下,利用腐熟菌剂快速分解粪便中的有机物质,在微生物作用下有机质氧化分解产生大量热能,以高温杀灭病菌、虫卵,并在矿物化和腐殖质化过程中释放出N、P、K和微量元素等有效养分。污水处理是指畜禽养殖污水采用SBR、USR、CSTR等反应器经技术处理后达标排放。"堆肥+污水处理"技术模式详见图5.2。

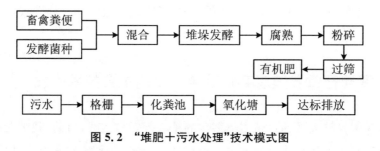

图5.2 "堆肥+污水处理"技术模式图

(三)生物发酵床技术模式

生物发酵床是利用自然界中的微生物,将畜禽废弃物与谷壳、米糠、锯末等农业废弃物按照一定比例混合,经发酵腐熟后制成有机垫料的一类技术模式。畜禽排泄的粪、尿被垫料掩埋,其中的水分被发酵过程中产生的热量蒸发,有机物质被充分分解和转化,达到无臭、无味、无害化和资源化利用的目的。生物发酵床技可以改善畜禽养殖环境,提高畜禽对饲料的吸收率,减少畜禽粪便的排放,有效解决畜禽养殖的污染问题。生物发酵床技术模式详见图5.3。

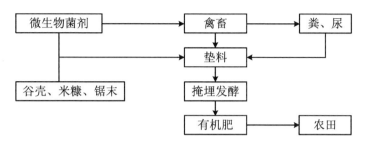

图5.3　生物发酵床技术模式图

三、存在的突出问题与困难

目前,我国畜禽粪便综合利用和污染防治虽然取得积极进展,但存在一些亟待解决的突出问题与困难。

(一)种养结合循环模式尚未形成

我国传统的畜禽养殖规模小,主要形式为千家万户分散养殖,产生的粪尿等废弃物大都能自行消化。随着畜禽养殖数量和种类的增加,规模化、集约化程度的提高,畜禽业生产逐步从农业生产体系中脱离出来。同时大量高效化肥的使用,使得种植业与养殖业分离,再加上没有相应的配套治污接口技术,难以形成多环节链接和实现粪污—沼气—肥料等综合效应的良性循环,没有达到变废为宝的目的。

(二)畜禽养殖布局不科学不合理

目前,畜禽养殖业发展、污染治理缺乏全局性科学规划,畜牧产业布局不合理,规模畜禽养殖场(小区、户)的建设发展尚未完全纳入统一的审批管理。农民在缺乏政策导向和技术引导的情况下,选择在村屯旁边和住宅附近发展畜禽饲养,导致农村生态环境遭到破坏。特别是环境承载力较小的地区和少数饮用水源保护区域也发展畜禽饲养场,给水源地和周边环境带来恶劣影响。为便于运输、加工和销售,畜禽养殖已由农区、牧区逐渐向城市郊区和城镇转移,一些养殖场已与城镇和居民区连为一体,形成了大、中城市周围规模化畜禽养殖场比较集中的现状,进而引发了大、中城市生态环境的恶化。

（三）工艺技术设备较为落后

近年来，虽然我国在畜禽粪污处理技术装备研发上有一定的进步与创新，但与发达国家相比还较滞后。对畜禽粪污尚未开发出经济、有效的收集、处理和综合利用技术，治理工艺还不够合理、成熟，运行费用较高，片面追求达标排放或还田利用，不能因地制宜地优化治理工艺和制定治理模式。特别是自己拥有知识产权的技术、具有很好适应功能和广泛推广价值的技术装备则更少。

（四）有关政策和环境管理模式滞后

我国现有畜禽污染防治的法规、政策不够全面，未能系统配套，综合利用和治理政策措施没有完全形成。当前我国大部分畜禽养殖场管理薄弱、粗放，绝大多数集约化畜禽养殖场建设之初，没有办理环保审批手续，缺乏配套的污染防治措施和废弃物综合利用措施。同时还缺少操作性强的专门法规来规范、约束畜禽养殖业的污染防治。一些养殖企业多注重采用新技术提高畜禽生产能力，重饲养轻环境治理，往往不愿购买环保设备。加上各相关职能部门分工不明确，导致在管理上存在着较大的漏洞，这些都加大了畜禽粪便污染治理的难度。

第二节 微生物开发利用畜禽粪便前景广阔

采用化学试剂混凝沉淀，或采用物理方法进行分离和沉淀等是比较常见的粪便处理技术，这些方法在一定程度上减少了废弃物的堆积和污染问题，但氨态氮及其他污染物的含量仍然较高，浪费了大量的有机质资源，同时存在一次性投资大等问题。当前，生物法特别是微生物技术的应用，在畜禽粪便处理上因其环保、高效及低投入等优点逐渐得到人们的青睐，它可以将大量粪便腐熟、降解，最后转化成有机肥或在厌氧条件下发酵成生物燃料。此外，微生物还可以均衡动物饲料营养比例，提高饲料消化利用率，从而减少粪便中氮磷的排放。按照微生物在畜禽粪便不同阶段产生的养殖废弃物处理工艺，可分为减少源头排放、养殖过程控制和废弃物综合利用三个方面。

一、微生物饲料可从源头上减少畜禽粪便中有机质的排放

通过微生物改善饲料的营养比例并提高其消化率,能够实现从养殖源头上减少禽畜粪便中有机物的排放。畜禽饲料在营养方面的改善一直是畜禽养殖业的研究热点,但是对这些营养丰富的物质在动物体内消化率的关注度却相对较低。在饲料中特别是氨基酸比例不平衡的情况下,极易造成禽畜排泄物中氮素含量偏高,排放后造成环境污染。

微生物饲料是利用微生物发酵饲料,将原料转化成食用蛋白或菌体蛋白,能够维护动物肠道健康、帮助消化及缓解不良应激等。向饲料中添加微生物还可以改变粪便中挥发性脂肪酸的组成,降低其丙酸盐的含量,弥补畜禽粪便降解能力不足的缺点,可以从源头出发减少禽畜粪便的排放量。微生物通过改善饲料中的营养比例或增强饲料在动物体内的代谢活动,减少了含有害物质的排泄物的产生,增加了动物排泄物中微生物的数量,增强了粪便的分解作用。

以微生物作为添加剂的生物饲料可以分为两大类:一种是利用微生物的发酵作用改变原料的理化性质,在提高营养价值的同时也提高了饲料在动物体内的消化效率。如利用不同微生物对豆粕、棉粕等原料进行发酵,能有效去除原料中多种抗营养因子,促进生成大量的益生菌,同时提升脲酶、胰蛋白酶等生理活性物质的含量。另一种是利用副产物、下脚料或者是低值原料培养微生物获得的菌体蛋白。应用芽孢杆菌和乳酸菌作为菌体蛋白饲料,因其能在动物肠道定殖,分泌一些抗菌物质或帮助消化的水解酶,常被添加到商业饲料中。

二、以微生物发酵床养殖开展养殖过程控制

发酵床养殖是一种全新的绿色生态养殖方法,以接种大量的益生菌与养殖动物圈舍环境中的土著菌构成优势菌群,添加锯末、秸秆等农作物废弃纤维为发酵垫料,将养殖过程中产生的粪便进行原位发酵来控制粪便的堆积,达到边养殖边控制粪便污染的目标,是一项无污染、低排放的有机农业新技术。这其中,功能微生物的分解作用至关重要。

发酵床中的微生物所构成的生物体系是个复杂的生物体系,在发酵的过程中,随着垫料空间分布和使用时间的变化,微生物群落结构也随之发生着变化。在发酵床养殖过程中,也正是这些复杂丰富的微生物种群进行分工发酵,包括垫料表层

的有氧发酵和下层的厌氧发酵,分别来分解粪便中的淀粉、纤维素、糖类等不同有机物。禽畜的排泄物能给微生物提供大量的营养物质,使细菌能不断繁殖增生,更能有效地降解粪便、消除异味,提高动物饲料消化率和免疫力。目前发酵床养殖在养猪领域上已较为成熟,对益生菌的筛选、垫料的配比及其相互作用的研究比较透彻。从养猪发酵床中分离得到多种芽孢杆菌,在细菌发酵液中检测到脲酶、蛋白酶、纤维素酶和过氧化氢酶等多种生物活性,可有效分解禽畜排泄物中的大量有机物,促进环境改善。

丰富多样的微生物在发酵床中通过相互协调帮助粪便降解,它们的代谢产物能提高其他菌种的活性,抑制病原微生物。如酵母菌可以提高纤维素的降解率,乳酸菌和放线菌能够加快粪便和垫料的纤维素分解,抑制有害细菌的繁殖增生等。但到了养殖后期仍会出现不可避免的问题,由于垫料承受的粪便越来越多,功能菌的分解速度落后于动物的排泄速度,会使垫料出现硬化,最终导致发酵床的功能丧失。

三、以微生物发酵处理实现畜禽废弃物综合利用

利用微生物的降解作用能够将养殖业产生的大量污染物发酵成肥料或燃料,将废弃物进行重新开发利用。根据氧气的供给情况,可将发酵分为有氧发酵和厌氧发酵,两者都能把废弃物中的有机质分解成二氧化碳、水、有机肥料和生物燃料等,并放出大量热能。目前,我国微生物发酵处理畜禽废弃物,主要有肥料化、饲料化、能源化、食用菌栽培等利用模式。

(一)微生物肥料化利用途径

一是实行堆肥。堆肥发酵过程中,整个微生物群体结构随堆肥的进行而迅速演变交替,是微生物活动与堆肥指标(温度、水分、pH值、碳氮比等)相互作用与影响的结果。传统堆肥利用原料中的土著微生物来降解有机物,由于堆肥刚开始阶段功能微生物数量少,造成发酵周期长,同时也容易引起氮素的损失,从而污染环境。因此在进行发酵前通常人为接种具降解有机质能力的微生物制剂,来加快粪便的腐熟并让其更加充分地降解。在添加适当的分解纤维素菌和固氮菌后,可以明显降低C/N比,对氮保存有较好的效果。相比之下,磷元素和钾元素不会通过挥发等形式流失,发酵前后含量变化不会很大。在堆肥期间某一阶段的优势菌种或者直接添加的外源菌种所具备的解磷、解钾作用还能增加堆肥中有效磷和速效

钾的含量,能让植物直接吸收利用,提高堆肥质量。

二是开发利用光合细菌。光合细菌是地球上最早出现的原核生产者,能进行光合作用,固定大气中的游离氮。光合细菌还能将环境中的有害物质消除、同化和降解,转化成有益于其他生物生长的营养物质,在净化空气的同时又能变废为宝。随着对光合细菌研究的不断深入,光合细菌的理化性质、代谢特征以及应用也日趋成熟。光合细菌含有大量的蛋白质、维生素以及多种生理活性物质,是一种重要的营养资源,将其添加到水产养殖饲料中不仅可以丰富鱼类的蛋白质来源,提高鱼类免疫力,还可以帮助其消化,从而减少废弃物中粗蛋白含量。光合细菌也能像其他微生物发酵一样将粪便转化成有机肥料,含有光合细菌的有机肥不仅含有丰富的有机质基础,还具备合成织生因子、提高光合作用的能力,从而增加作物产量。因此,利用光合细菌处理畜禽粪便,既能达到无害化处理,又能将这些废弃物转化成绿色氢能源和有机肥,实现资源化利用,在禽畜粪便开发利用方面有着良好的应用前景。

(二)微生物饲料化利用途径

畜禽粪便含有丰富的粗蛋白、粗脂肪,特别是鸡粪,其饲料化方法主要有干燥法、热喷法、青贮法、生物法等。还可以利用猪粪和牛粪等养殖蚯蚓、蝇蛆,生产动物蛋白,并加入到动物饲料中。研究与生产实践表明,猪粪利用的最佳方式是饲料化,其次是生产有机肥,再次是生产沼气。利用猪粪养鱼是我国水产养殖方式之一,若使用合理将明显提高畜牧生产和渔业生产的生产效率、经济效益,提高环境质量。但特别要注意饲料化引发的环境安全问题,禁止使用家畜家禽治疗期的粪便进行饲养,在畜禽宰杀前减少粪便饲料的使用量或停用,就完全能够消除畜禽粪便饲料化利用的安全隐患。

(三)微生物能源化利用途径

1. 沼气化利用

利用畜禽粪便生产沼气是利用受控制的厌氧细菌的分解作用,将粪便中的有机物转化为简单的有机酸,再将简单的有机酸转化为甲烷和二氧化碳。沼气厌氧发酵可分为湿发酵和干发酵,目前我国主要采用湿发酵技术。产生的沼气可以燃烧或发电,沼渣和沼液能够作为肥料或饲料。一般来说,沼渣中含有机质 36%~49%、腐殖酸 10%~24%、全氮 0.78%~1.6%、全磷 0.40%~0.6%、全钾 0.6%~1.3%,还含有多种粗蛋白、矿质元素和氨基酸等;沼液中的营养元素基本上是以速效养分形式存在的,包括氮(0.03%～0.08%)、磷(0.02%～0.07%)、钾(0.05%～1.40%),还有大量营养元素和微量元素,以及多种氨基酸和活性酶。然而,如何提高沼气产出率是其发展的关键问题。沼气产出率的主要影响因素有原料预处理、原料碳氮比、发酵温度、接种物、料液浓度与pH值等,在夏季高温季节,沼气生产量大,还可用于发电。

2. 乙醇化利用

含有丰富纤维素资源的畜禽粪便,特别是牛粪,能够作为乙醇生产的原料,这为增加微生物质燃料提供了一条新途径。畜禽粪便的乙醇化利用可替代粮食生产乙醇,这样不但能够减少玉米等粮食作物的种植面积,还可以减少畜禽粪便带来的农业面源污染,能创造出巨大的经济效益。

(四) 微生物食用菌栽培

畜禽粪便含有丰富的有机质、矿质营养元素和微量元素,添加含碳量丰富的作物秸秆以调节碳氮比,并配以适当的无机肥料、石膏等,堆制后作为培养基栽培食用菌,能够提高出菇率,增加种植户收益。种植后的菇渣又可以作为生产饲料、有机肥或沼气的原料。不过粪便中杂菌繁多,在用作基料栽培食用菌时,需要采用暴晒等方式灭菌。种植食用菌的菇渣可以作为制沼气的原料,也可以用作饲喂蚯蚓、蝇蛆等,生产优质动物蛋白。这样可以延长生产链条,提高畜禽粪便的利用率,还能够增加产值,达到物质多级利用效果。

第三节　畜禽废弃物综合利用典型案例

2017年6月27日,全国畜禽养殖废弃物资源化利用会议在长沙召开,时任中共中央政治局委员、国务院副总理汪洋出席会议并讲话。汪洋副总理强调,抓好畜禽养殖废弃物资源化利用,是事关畜禽产品有效供给和农村居民生产生活环境改善的重大民生工程。要认真贯彻落实新发展理念,坚持保供给与保环境并重,坚持政府支持、企业主体、市场化运作,全面推进畜禽养殖废弃物资源化利用,改善农业生态环境,构建种养结合、农牧循环的可持续发展新格局。会议推出了湖南省的几个可供借鉴的典型案例。

一、长沙县佳和农牧公司种养结合示范基地

佳和农牧股份有限公司成立于2006年,以生猪产业化经营为主业,以生猪育种为核心;涵盖种猪、商品猪、饲料、兽药、果蔬、花卉苗木培育种植、仓储物流等多个产业项目,是一家以生猪育种、肥猪养殖为主的农牧业集团公司,为全国养猪行业百强优秀企业。目前在湖南、湖北、广东、广西、江西、四川、浙江、安徽等12个省、自治区设立58家分(子)公司,有45个规模养殖基地,生猪年出栏100万头以上,种猪年销量10万头以上。

佳和农牧公司长沙县干杉种养结合示范基地,根据养殖场配套的土地及环境承载能力,科学布局养殖栏舍,合理确定养殖规模,全部粪肥就地、就近资源化利用。基地年存栏母猪1 300头,出栏生猪3万多头,采取分区饲养模式,7个适度规模的养殖场分布在基地的不同区域。基地采取"猪—沼—林(果、蔬、牧草)"的种养结合生态养殖模式,配套73.33公顷苗木、4.2公顷蔬菜、5.73公顷牧草、3.67公顷莲藕、13.33公顷水稻、6.67公顷果园、6.67公顷鱼塘,实现了种养循环、农牧结合。

基地全部采用公司自产(自配)的生物饲料,营养物质消化利用率高,既可有效减少粪污排放量,又能防止粪肥中有害物质残留造成土壤污染。基地7个养殖场年产粪便3 760吨、污水3.4万吨。清粪方式以人工干清粪为主,固体粪污经发酵腐熟后作为苗木、果蔬的基肥或追肥;液体粪污经固液分离后,污水进行沼气发酵。沼气用作基地生产生活燃气,沼液通过管网采用喷灌、滴灌或淋灌的方式定期施用于草地、菜地、林地。通过施用有机肥,与之前相比,基地可减少90%的化肥使用量,平均每公顷土地年减支增收1.5万元以上。

二、长沙县鑫广安公司养殖废弃物综合利用

鑫广安公司成立于1996年,是集生猪养殖、饲料及兽药生产、有机肥加工于一体的农牧企业,现有控股子公司8家、养猪分公司9家,生猪年出栏40万头。鑫广安公司路口原种猪场建于2007年,是国家生猪核心育种场,目前存栏母猪2 057头。该种猪场的养殖废弃物综合利用项目,是湖南省猪场污染治理及环境服务业示范项目。

（一）集中供气

猪场建有 1 500 立方米的大型沼气工程，粪污经固液分离后，污水进入厌氧发酵装置，采用 CSTR 中温发酵工艺年处理粪污 9 万吨，日产沼气量 700 立方米，所产沼气除了满足猪场生产自用外，剩余沼气委托路口镇能源合作社，通过管网为 500 户农户集中供气，按每立方米 1 元的价格收费，每年可为每个农户节省燃料费 500 元左右。

（二）有机肥加工

公司建有年产 4 万吨的有机肥生产车间，主要设备有翻抛机、烘干机、制粒机等，每年处理粪污 1.8 万吨。2016 年，实际生产有机肥 8 000 吨，每吨成本约 700 元，平均利润每吨 100 元左右。

（三）污水处理

沼液实行工业化处理，采用"厌氧＋好氧＋MBR 膜分离"的污水处理工艺，日处理量约 200 吨。污水经处理后，出水水质优于《污水综合排放标准》(GB 8978－1996)一级标准，60% 作为养殖基地内冲栏水或浇灌、绿化用水，每天回用水量约 120 吨，年可节约成本 17.5 万元，相当于污水处理成本的 40%。污水处理成本每吨 6.1 元，其中固定资产折旧成本 1.6 元、运行成本 4.5 元。

三、岳阳县枫树湾生态农牧园

2016 年，枫树湾生态农牧园投资建设沼气提纯生物天然气工程，建有总容积 1.8 万立方米的厌氧发酵罐和容积 3 000 立方米的双膜储气柜，于 2017 年 5 月底试运行。基地除了处理公司自有养殖场的粪污外，还统一收集、集中处理周边乡镇的粪污，产生的沼气提纯为生物天然气，沼渣加工成有机肥，沼液集中配送到种植基地。通过沼气提纯、有机肥生产和沼液配送三大系统，形成了以沼气工程为纽带的"生物天然气＋沼肥"集中处理模式。

（一）粪污统一收集

公司组建了由 15 人组成的专业粪污收集运输车队，拥有 10 台吸粪车，总运载能力 80 吨，对公司自有养殖场及周边 7 个养殖密集乡镇的粪污进行统一收集和处理,年收集约 20 万头生猪产生的粪污,每吨收集成本约 18.5 元,向规模养殖场收取 5 元/吨的费用。2017 年,县政府给予公司 130 万元粪污收运补助。

(二)粪污集中处理

一是进行沼气生产并提纯生物天然气。公司每年可生产生物天然气 388 万立方米。并与华润天然气公司签订了生物天然气供销协议,以每立方米 3 元的价格销售给华润天然气公司。

二是有机肥加工。固液分离后的沼渣进行好氧发酵,加工成优质有机肥,沼液加工生产成沼液肥。有机肥加工厂全面投产后,可年产固体有机肥 2 万吨、沼液肥 16 万吨。

(三)粪肥按需配送

一方面,公司以每吨 12 元的价格,向近 2 000 公顷协议种植基地按需配送沼液肥,辐射半径达 15 千米,每年可销售沼液肥 14 万吨;另一方面,公司计划流转土地 200 公顷以种植优质水果、蔬菜,预计每年可自行消纳 1 500 吨固体有机肥和 2 万吨沼液肥。

四、岳阳县新墙葡萄合作社水肥一体化基地

岳阳县新墙葡萄合作社成立于 2006 年,是国家级专业合作社示范社、省级无公害葡萄种植标准化示范区。合作社现有社员 248 户,种植葡萄 373.33 公顷。合作社实施水肥一体化项目,通过使用固体有机肥和沼液肥生产优质葡萄,种植的"红地球""美人指"等十多个葡萄品种均获绿色食品认证,其市场售价比普通葡萄高 2~3 元/千克。

(一)统一设施建设

合作社对水肥一体化设施实行统一规划、统一施工、统一建设、统一使用。目前,合作社葡萄基地建有 4 个总容积 1 000 立方米的水肥一体化沼液储存池和调配池,建有 380 个总容积 1 900 立方米的分户沼液肥储存池,配套增压设备 300 台,建有 28 万米的水肥输送管网。在施肥中,146.67 公顷葡萄采用滴灌方式施肥,226.67 公顷亩葡萄实行浇灌方式施肥,每人每天可完成 6.67 公顷葡萄的施肥工作。

(二)统一沼肥供应

合作社与兴牧沼液收运合作社(有吸粪车8台,收运52家规模养殖场沼液)签订长期合作协议,以每吨12元的协议价购进沼液,以每吨15元的价格统一供应给社员。按每年每公顷土地施用120吨沼液肥计算,合作社年消纳沼液4.48万吨,较使用化肥每公顷可节约3 000多元,整个基地每年共节约110万余元。

(三)统一肥料施用

固体有机肥可作为基肥使用,县政府按照每吨200元的标准补助农户。沼液可作为追肥进行水肥一体化施用,合作社指导农户将沼液和清水按1:1比例配比后,采取滴灌、浇灌方式,根据葡萄不同生长期的营养需求,以催芽肥、催条肥、壮果肥(3次)、转色肥、还阳肥、冬肥的形式,每年共8次分期施入,大幅提高了沼肥施用效果。

第四节 畜禽废弃物的综合利用政策措施

2017年5月,我国畜牧发展史上第一个针对畜禽养殖废弃物处理和利用的指导性文件出台:《国务院办公厅关于加快推进畜禽养殖废弃物资源化利用的意见》(国办发〔2017〕48号),该政策内容丰富,覆盖面广,有突破、有创新,既包括畜禽粪污资源化利用试点、种养业循环一体化工程、有机肥替代化肥行动、农机购置补贴、生物天然气工程和规模化大中型沼气工程等财政政策支持措施,还包括税收、用地和用电等优惠保障政策支持措施等多个方面。

一、总体思路

贯彻落实党的十九大精神,以习近平新时代中国特色社会主义思想为指导,统筹推进"五位一体"总体布局和协调推进"四个全面"战略布局,牢固树立和贯彻落实创新、协调、绿色、开放、共享的发展理念,按照"构建政府为主导、企业为主体、社会组织和公众共同参与的环境治理体系"要求,坚持保供给与保环境并重,坚持政府支持、企业主体、市场化运作的方针,坚持源头减量、过程控制、末端利用的治理路径,以畜牧大县和规模养殖场(小区)为重点,以沼气和生物天然气为主要处理方向,以农用有机肥和农村能源为主要利用方向,健全制度体系,强化责任落实,完善扶持政策,严格执法监管,加强科技支撑,强化装备保障,全面推进畜禽养殖废弃物资源化利用,加快构建种养结合、农牧循环的可持续发展新格局,为全面建成小康社会提供有力支撑。

按照"统筹兼顾,有序推进;因地制宜,多元利用;属地管理,落实责任;政府引导,市场运作"原则,确立"一条路径",就是源头减量、过程控制、末端利用治理路径。完善"一个机制",就是要实行以地定畜,建立健全种养循环发展机制。明确"两个重点",就是以畜牧大县和规模养殖场为重点。实现"三大目标",即到2020年建立科学规范、权责清晰、约束有力的畜禽养殖废弃物资源化利用制度,全国畜禽粪污综合利用率达到75%以上,规模养殖场粪污处理设施装备配套率达到95%以上。

二、主要政策措施

(一)优化调整产业布局

按照环境保护要求和土地承载能力,科学合理地确定区域适宜养殖规模,须减则减,宜调则调,形成优势互补、协调可持续发展的畜牧产业布局。科学编制畜牧业产业发展规划,科学合理划定畜禽养殖禁止养殖区、限制养殖区和适宜养殖区,合理布局畜禽养殖场所空间和结构,促进畜牧生产与环境保护协调发展。要全面准确地理解"三区"内涵,科学指导畜牧业布局和发展。"禁养区"是指禁止建设养殖场和养殖小区的区域,即禁止建设达到省级人民政府设定养殖规模以上养殖场所的区域;对于规模以下的养殖户来说,不是要禁止其养殖行为,而是指导其做好养殖污染防治工作。"限养区"是在一定区域内,结合区域环境容量,限定建设畜禽养殖场和养殖小区以缓解污染排放问题的区域;限养区不是对畜禽养殖量的限制,而是对畜禽养殖污染物排放总量的限制。在"适养区"开展养殖活动,也应以区域环境承载力为基础,合理规划和布局畜禽养殖行为,实现废弃物的循环综合利用或达到国家《畜禽养殖业污物排放标准》(即COD低于400 mg/L,氨氮低于80 mg/L)。适养区与限养区的区别在于排放标准的不同,限养区的排放要求更加严格,适养区同样也不能发生养殖环境污染问题。

（二）加快畜牧业转型升级

优化调整生猪养殖布局，向粮食主产区和环境容量大的地区转移。大力发展标准化规模养殖，建设自动喂料、自动饮水、环境控制等现代化装备，推广节水、节料等清洁养殖工艺和干清粪、微生物发酵等实用技术，实现源头减量。加强规模养殖场精细化管理，推行标准化、规范化饲养，推广散装饲料和精准配方，提高饲料转化效率。加快畜禽品种的遗传改良进程，提升母畜繁殖能力，提高综合生产能力。落实畜禽疫病综合防控措施，降低发病率和死亡率。以畜牧大县为重点，支持规模养殖场圈舍标准化改造和设备更新，配套建设粪污资源化利用设施。以生态养殖场为重点，继续开展畜禽养殖标准化示范基地的创建。

（三）构建种养循环发展机制

畜牧大县要科学编制种养循环发展规划，实行以地定畜，促进种养业在布局上相协调，精准规划、引导畜牧业发展。推动建立畜禽粪污等农业有机废弃物收集、转化、利用网络体系，鼓励在养殖密集区域建立粪污集中处理中心，探索规模化、专业化、社会化运营机制。通过支持在田间地头配套建设管网和储粪（液）池等方式，解决粪肥还田"最后一公里"问题。鼓励沼液和经无害化处理的畜禽养殖废水作为肥料科学还田利用。加强粪肥还田技术指导，确保科学合理施用。支持采取政府和社会资本合作（PPP）模式，调动社会资本积极性，形成畜禽粪污处理全产业链。培育壮大多种类型的粪污处理社会化服务组织，实行专业化生产、市场化运营。鼓励建立起受益者付费机制，保障第三方处理企业和社会化服务组织获得合理收益。

（四）加强财税政策支持

启动中央财政畜禽粪污资源化利用试点建设工作，实施种养业循环一体化工程，整县推进畜禽粪污资源化利用。以果、菜、茶大县和畜牧大县等为重点，以有机肥替代化肥。鼓励地方政府利用中央财政农机购置补贴资金，对畜禽养殖废弃物资源化利用装备实行敞开补贴。开展规模化生物天然气工程和大中型沼气工程建设。落实沼气发电上网标杆电价和上网电量全额保障性收购政策，降低单机发电功率门槛。生物天然气符合城市燃气管网入网技术标准的，经营燃气管网的企业应当接收其入网。落实沼气和生物天然气增值税即征即退政策，支持生物天然气和沼气工程开展碳交易项目。地方财政要加大畜禽养殖废弃物资源化利用投入，支持规模养殖场、第三方处理企业、社会化服务组织建设粪污处理设施，积极推广使用有机肥。鼓励地方政府和社会资本设立投资基金,创新粪污资源化利用设施建设和运营模式。

（五）统筹解决用地用电问题

落实畜禽规模养殖用地,并与土地利用总体规划相衔接。完善规模养殖设施用地政策,将畜禽养殖粪便、污水等废弃物收集、存储、处理等环保设施用地及生物质(有机)肥料生产设施用地作为附属设施用地,提高规模养殖场粪污资源化利用和有机肥生产积造设施用地占比及规模上限。将以畜禽养殖废弃物为主要原料的规模化生物天然气工程、大型沼气工程、有机肥厂、集中处理中心建设用地纳入土地利用总体规划,在年度用地计划中优先安排。对受电变压器容量315千伏安以下的畜禽规模养殖场养殖生产用电,执行农业生产用电价格;对受电变压器容量315千伏安及以上的畜禽规模养殖场养殖生产用电,符合条件的生产用电执行农业生产用电价格。

（六）加强科技及装备支撑

组织产、学、研和技术推广部门开展畜禽粪污资源化利用先进工艺、技术和装备攻关和研发,制订或修订相关标准,提高资源转化利用效率。开发安全、高效、环保新型饲料产品,引导矿物元素类饲料添加剂减量使用。加强畜禽粪污资源化利用技术集成,根据不同资源条件、不同畜种、不同规模,推广粪污全量收集还田利用、专业化能源利用、固体粪便肥料化利用、异位发酵床、粪便垫料回用、污水肥料化利用、污水达标排放等经济实用技术模式。集成推广应用有机肥、水肥一体化等关键技术。以畜牧大县为重点,加大技术培训力度,加强示范引领,提升养殖场粪污资源化利用水平。

三、保障措施

（一）严格落实畜禽规模养殖环评制度

规范环评内容和要求,对畜禽规模养殖相关规划依法依规开展环境影响评价,调整优化畜牧业生产布局,协调畜禽规模养殖和环境保护的关系。新建或改扩建畜禽规模养殖场,应突出养分综合利用,配套与养殖规模和处理工艺相适应的粪污消纳用地,配备必要的粪污收集、贮存、处理、利用设施,依法进行环境影响评价。加强畜禽规模养殖场建设项目环评分类管理和相关技术标准研究,合理确定编制环境影响报告书和登记表的畜禽规模养殖场的规模标准。对未依法进行环境影响评价的畜禽规模养殖场予以处罚。

(二)完善畜禽养殖污染监管制度

建立畜禽规模养殖场直联直报信息系统,构建统一管理、分级使用、共享直联的管理平台。健全畜禽粪污还田利用和检测标准体系,完善畜禽规模养殖场污染物减排核算制度,制定畜禽养殖粪污土地承载能力测算方法,对于畜禽养殖规模超过土地承载能力的县要合理调减养殖总量。完善肥料登记管理制度,强化对商品有机肥原料和质量的监管与认证。实施畜禽规模养殖场分类管理,对设有固定排污口的畜禽规模养殖场,依法核发排污许可证,依法严格监管;改革并完善畜禽粪污排放统计核算方法,对畜禽粪污全部还田利用的畜禽规模养殖场,将无害化还田利用量作为统计污染物削减量的重要依据。

(三)建立属地管理责任制度

地方各级人民政府对本行政区域内的畜禽养殖废弃物资源化利用工作负总责,要结合本地实际,依法明确部门职责,细化任务分工,健全工作机制,加大资金投入,完善政策措施,强化日常监管,确保各项任务落实到位。统筹畜产品供给和畜禽粪污治理,落实"菜篮子"市长负责制。各省(区、市)人民政府应制定并公布畜禽养殖废弃物资源化利用工作方案,细化分年度的重点任务和工作清单,并抄送农业部备案。

(四)落实规模养殖场主体责任制度

畜禽规模养殖场要严格执行《环境保护法》《畜禽规模养殖污染防治条例》《水污染防治行动计划》《土壤污染防治行动计划》等法律法规和规定,切实履行环境保护主体责任,建设污染防治配套设施并保持正常运行,或者委托第三方进行粪污处理,确保粪污资源化利用。畜禽养殖标准化示范场要带头落实,切实发挥示范带动作用。

(五)健全绩效评价考核制度

以规模养殖场粪污处理、有机肥还田利用、沼气和生物天然气使用等指标为重点,建立畜禽养殖废弃物资源化利用绩效评价考核制度,纳入地方政府绩效评价考核体系。农业部、环境保护部要联合制定具体考核办法,对各省(区、市)人民政府开展考核。各省(区、市)人民政府要对本行政区域内畜禽养殖废弃物资源化利用工作开展考核,定期通报工作进展,层层传导压力。强化考核结果应用,建立激励和责任追究机制。

(六)强化组织领导

畜禽养殖废弃物资源化利用涉及范围广、部门多,各地区、各有关部门要按照职责分工,加大工作力度,结合本地区本部门工作方案,科学谋划制定和完善具体政策措施。农业部要承担牵头责任,要会同有关部门对畜禽养殖废弃物资源化利用落实情况定期进行督查和跟踪评估,并向国务院报告。

第六章 食用菌的开发

2017年中央一号文件提出:"做大做强优势特色产业。实施优势特色农业提质增效行动计划,促进杂粮杂豆、蔬菜瓜果、茶叶蚕桑、花卉苗木、食用菌、中药材和特色养殖等产业提档升级,把地方土特产和小品种做成带动农民增收的大产业。"食用菌作为一种营养丰富的物种资源,已逐渐成为人们日常生活中的新宠儿。历经上千年的发展,我国已经成为世界食用菌生产和消费大国,但与日美、欧盟等发达地区仍存在较大差距。做大做强食用菌这一特色优势产业,是新时代现代农业发展的必然要求。在实施乡村振兴战略中,要积极推动我国食用菌产业开发,努力实现建设食用菌强国的目标。

第一节 国内外食用菌开发简述

食用菌,是指可供人们食用的大型真菌。具体来说,就是指可以形成大型子实体并能供人们食用或药用的一类大型真菌。广义上的食用菌是指一切可以食用的真菌,通常也被人们称为"菇""菌""蘑""耳"等。其中可以用于制药的菌物叫药用菌。因此,食用菌又被称为食药用菌。人们把食用菌的特征概括为:"无根无叶,似花似果;可食可药,能素能荤。"

一、历史上我国的食用菌种植情况

我国是食用菌资源非常丰富的国家,也是世界上认知和利用食用菌最早的国家。《礼记》《神农本草经》都记载了不同的食用菌和药用菌的类型。首次栽培的食用菌种类有 34 个之多,而同期国外栽培的食用菌种类只有 14 个。我国菌类种类数量约有 1 万种,其中食用菌约有 2 300 种,可以人工栽培的有 60 多种,常见的栽培品种有香菇、草菇、平菇、金针菇、猴头菇、羊肚菇、杏鲍菇、木耳、银耳等。食用菌中还有一类即可食用又可入药的药用真菌,已查明的约有 200 种,包括灵芝、茯苓、猪苓、冬虫夏草等。

我国食用菌历史最早可追溯到 7 000 年前(西方最早则可追溯到 3 500 年前),浙江河姆渡遗址出土有稻谷、菇菌和酸枣的化石。在旧石器时代,原始居民采食菇类,以果腹充饥。到新石器时代,食用菌最早追溯到《庄子》中"乐出虚,蒸发菌",较为科学地阐述了菌类的生态和生理。公元前 300 年左右,《礼记·内则》中"食所如庶,羞有芝栭"的记载,表明菇类已成为宫廷美食。公元前 200 年左右,《吕氏春秋·本味篇》中"味之和者,越骆之菌"的记载以及《神农本草经》中对六芝色、形、味的详述,都详细描述了菌类的药用和烹饪价值。

公元 1 世纪,同为四大文明古国的中国和希腊都采取了最为原始的办法种植菇菌,开创了从野外采集到人类种植菇菌的历史。此后,西方对于菇菌的认识一直徘徊不前,而中国记载菇菌栽培的书籍则不断出现,集中出现于公元 5 世纪左右。例如,东汉王允在《论衡·初禀篇》中记载了"紫芝之载如豆",简述了菌类栽培的科学知识;志怪小说《十洲记》中记载了仙人耕种"芝田蕙圃",用大幅笔墨描述了菌芝的栽培。唐代韩鄂所著的《四时纂要》中有"种菌子"的记载,详述了畦床埋木栽培法,后来"种菌子"法得到继承并发展成畦床埋木栽培法,在当时被广泛推广沿用。根据《春令·三月》中对"种菌子"法的记载,种植方法如下:取烂构木及叶,于地埋之,常以泔浇令湿,两三日即生。公元 1245 年,陈仁发所著的《菌谱》问世,标志着我国菇菌栽培技术不断趋于稳定。这一时期的特点是南菇兴起和香菇萌芽。随着这一时期国家的稳定和南方经济的繁荣以及市坊制度的设立,使得菇菌的商业价值得以展现。尤其是香菇栽培受到"覆土"和"泔浇"等先进工艺的推动,使得这一时期成为我国菇菌业的黄金发展期。

明清时期,我国的菇菌产业发展迅速,草菇、平菇和银耳等新品种相继出现,沿海地区菇菌市场更为发达。进入近代以后,我国长期遭受西方列强势力的侵略,经济凋敝,菇菌产业受损严重。直到新中国成立,我国经济得到快速恢复和发展,食用菌产业也逐步发展起来。特别是改革开放 40 年来,更是驶入高速发展的快车道,食用菌产业成为我国农业的重要组成部分。

二、国外的食用菌开发

国外最早的食用菌开发利用,要追溯到古希腊时期。在起始阶段,国外普遍采用原始方法种植菇菌。16世纪,随着文艺复兴思想的启蒙和科学技术的进步,西方国家一改过去对于菇菌产业的认识。1651年,双孢蘑菇的栽培技术首次在法国出现,标志着近代种菇技术发生了革新。此后,双孢蘑菇栽培技术在欧洲地区发展迅速。17世纪初,法国"蘑菇栽培之父"托尼弗特将白色霉状物移植到半发酵的马厩肥料上,栽种覆土后长出了蘑菇。1780年,法国园艺学家Chambry将蘑菇栽培的场所移到了隧道和地洞中,并取得了成功,这也是早期"蘑菇房"的起源模型。1804年,法国人阿培尔用软木塞的玻璃瓶保存食品,后来经过其他人的改进,逐渐发展成为现代的蘑菇罐头制造业。19世纪初,菇菌的栽培技术从法国传向荷兰、德国、英国、美国、日本等地,并得到迅速的应用和革新。

20世纪初,法国移民将菇菌栽培技术带到了美国,此后几十年间美国食用菌产业得到了快速地发展。1910年,美国建成了双孢蘑菇标准化菇房并在欧洲国家推广;1917年,创建了世界上第一个蘑菇罐头加工厂;1918年,成立了第一个商业化菌种生产企业;1925年,建成第一间带空调装置的栽培房,成立了全美蘑菇种植者协会,负责组织农场购买栽培设备和原材料,鼓励科学研究,推进物流产业和食品加工业配套建设;1934年,又发明了浅箱栽培法和室内短期发酵法。这些使美国快速成为世界菇菌产业大国。目前,美国是全球主要的食用菌生产国和消费国,年产量位居世界第二,仅次于中国。在食用菌菌种保藏、选育和菇类保健产品开发方面美国处于世界绝对领先的地位,特别是在双孢蘑菇菌种生产和研发领域,是行业内当之无愧的领导者。世界三大蘑菇菌种生产企业全是美国公司,即施尔丰(Sylvan)公司、蓝宝(Lambert)公司和Amycel公司。三家公司的蘑菇菌种年产量可达到50多万吨,占全球蘑菇菌种市场份额的90%以上。三家公司均在欧盟和澳大利亚设厂,产品行销全球80多个国家和地区。

明治中叶,双孢蘑菇栽培技术传入日本。早期的"铊目法"(砍花法)栽培技术,使得日本的香菇生产走向人工栽培的时代。1911年,森本彦三郎用组织培养法制成纯菌种,一时在世界范围内普及和推广。1904年,三村钟木郎试验孢子法、嵌木法和菇木法等接种法,出现了一大批的菇菌栽培场。1920年,日本开始进行金针菇的瓶栽实验,1930年瓶栽技术开始在一部分农场推广。20世纪50年代,玻璃瓶栽培得到普及推广,并出现了手工作业。1988年,纯白色的金针菇品种开发成功。

1991年,日本食用菌界出现了一个很大的转折,在以长野县为中心的地方建立起大型的培养中心,并在食用菌工厂化及运行模式等方面给世界其他国家提供了借鉴经验。

长期以来,世界菇菌市场被欧洲国家、美国和日本长期占据,且处于双孢蘑菇一家独大的状态。直到20世纪70年代,随着新栽培技术和新品种的出现,世界菇菌产量剧增,中国食用菌产业迅速崛起,世界菇菌产业出现多元化局面。近年来,越南、泰国、印度尼西亚、印度、马来西亚等国食用菌产业发展较快。2008年,上述五国的食用菌产量分别是17万吨、12.1万吨、6.1万吨、5万吨和2万吨。在食物供给一直是经济和社会的主要问题的非洲,纳米比亚、赞比亚、坦桑尼亚、肯尼亚、埃及等国都陆续开始了食用菌的生产,旨在以食用菌为突破口缓解粮食问题。在发展中国家的高端市场中,双孢蘑菇工厂化的成套栽培技术大多引自欧美,农业式栽培技术中的某些部分是从我国引进的,食用菌产业的自主创新能力普遍不足。

三、我国食用菌产业发展特点

我国食用菌产业经过改革开放40年的高速发展,已成为农业领域中仅次于粮、棉、油、果、菜的第六大作物产业,超过了茶叶、糖料产业。在全球贸易范围内,中国食用菌产量占世界总产量的70%以上,出口量占亚洲的80%,占全球贸易量的40%。2015年,全国食用菌总产量3 476.15万吨,产值2 516.38亿元,出口量50.7万吨,创汇29.79亿美元。全国食用菌工厂化生产企业626家,产量183万吨,产能稳居全球首位,占全球食用菌工厂化总产量的43%,日产量达到7 000多吨,这是世界上其他国家难以企及的。食用菌产业成为支撑中国农业发展的重要产业之一。

我国食用菌产业发展呈现以下特点:

(一)栽培品种日益多元化

目前我国食用菌栽培品种有80多种,形成商品规模生产的超过了50种,规模化栽培的有30多种,其中食用菌工厂化品种最多的是金针菇、杏鲍菇、香菇、蟹味菇等种类,形成了大宗品种的稳步发展、珍惜菇类较快发展、药用菌异军突起的百菌争艳的局面。

(二)生产方式不断创新

首先,在栽培方式上,经历了四个阶段,即20世纪三四十年代段木栽培、60年代袋料栽培、80年代工厂化栽培,到进入新时期的集约化、智能化栽培。在产品加工上,也在不断深入。从最早的手工式粗加工,发展到现在的精加工和深加工,由传统产品向新型食品转变,包括不断推出品质优良、营养丰富的新产品。

(三) 区域布局不断优化

食用菌重点产区主要分布在河南、山东、黑龙江、河北、福建、江苏、吉林、四川、广西、湖北、江西和辽宁等省区。2015年,全国12个省份年产量超过100万吨,17个省份年产量超过50万吨,形成了南菇北移和东菇西移的大格局。全国最大食用菌生产基地是福建省古田县,其食用菌生产量、出口量为全国之冠,其银耳产量占世界产量的90%。

(四) 工厂化程度稳步提高

2008年,我国食用菌工厂化企业仅有186家,经过不断地发展,在2012年达到了788家,四年间增长了324%。2012年以后,企业数量出现逐年递减趋势,2015年为626家,平均每个省约有21家。其中,福建、江苏和山东三个省占了51.7%,最多的是福建省,有130家。从总体看来,我国食用菌工厂化企业数量仍呈现增长趋势。同时,全国食用菌上市企业也在增加,近几年来,有23家食用菌企业(其中8家为药用菌企业)分别在主板、新三板和中小企业板上市。

(五) 机械化程度不断提升

目前,国内生产食用菌配套机械和配套设施的规模企业已经超过70家。食用菌机械配套产业链也在不断拓展、细化,包括原辅料和菇架等各种设施设备都有具体的产业分工,形成不断扩展的产业链。

(六) 休闲观光方兴未艾

我国台湾地区这方面起步较早。2009年,彰化县埔心乡埤脚村设立了蘑菇部落,发展教育型休闲农场。农场开放太空包生产过程和菇类生产过程供游客参观,并提供相关体验和餐饮服务,分为生产型体验和销售型体验。蘑菇部落体验区分为林芝馆、银耳馆、生态馆、蘑菇王国和火锅馆等,形成"主题鲜明、风格独特、市场明确和产业链完整"的特色。近年来,内地很多地方发展食用菌产业园、食用菌特色小镇建设,同时把食用菌会展文化、特色休闲观光旅游文化纳入其中,促进了一二三产融合发展。

我国食用菌开发虽然取得了很大成绩,但也存在突出问题:

一是发展很不平衡。从宏观区域看,食用菌主产区多集中在东北、华北平原、长江流域沿线和南部沿海区域等地,地域分布存在南北差异和东西失衡等问题。

二是品种结构失调。2015年我国食用菌的主要品种有香菇、黑木耳、平菇、金针菇、双孢蘑菇、毛木耳和杏鲍菇等,占据了全年产量的83.4%,香菇年产量更是高达766.66万吨,是黑龙江省2015年食用菌产量的2倍多,说明了我国食用菌产业基本上是菇类一家独大。

三是科技创新能力不足。突出表现是菌种混乱、品种混杂、质量标准不统一,品种几乎被国外品种垄断,木腐菌品种来自日韩,草腐菌品种来自欧美,我们还没有自有知识产权的品种。比如在我国大面积种植的香菇,是由从日本引进的香菇品种繁衍下来的。

四是精深加工能力不足。我国食用菌加工品种有500多种,加工率只有6%,而国外的加工率达到了75%。产业龙头企业、集团企业尚未形成,初级产品多,精深加工产品少,缺乏有影响力的品牌,市场竞争力弱。大型设备多为引进,同时缺乏轻简化机械设备。

此外,还存在个体分散发展、无序经营,产品出口各自为战,科研、生产、加工、销售没有形成一体化等问题。推进食用菌产业开发,把食用菌产业做大做强,我们还有一段很长的路要走。

第二节　食用菌开发的意义

一、有利于国家粮食安全

在食用菌的营养成分中,蛋白质的平均含量占其干重的25%左右,远远高于其他水果蔬菜,说明菌菇具有较高的食用价值,因此其是一种重要的产业资源。加之食用菌生产本身具有"五不争"的特点(不与人争粮,不与粮争地,不与地争肥,不与农争食,不与其他产业争资源),而且可以将废弃物资源化,包括种植业、养殖业的废弃物以及我们的日常生活垃圾。发展食用菌产业,对于保障我国粮食安全有着至关重要的作用(图6.1)。

食用菌在野外种植条件要求不高,河湖、荒地以及废弃巷道、收割后的稻田等户外场所均可种植,在由自然种植转向人工棚架栽培后,在一定程度上对于稀缺的耕地资源更是一种良好的保护。同时食用菌产量高,具有经济效益、社会效益和生态效益显著的优点,一般每平方米可生产菇类850~1 000克。

食用菌是节水作物。生产1千克粮食平均至少需1立方米水,而生产1千克食用菌干品平均只需0.05立方米水,生产1千克食用菌干品平均需水量仅相当于生产1千克粮食需水量的5%,比生产粮食节水95%。另外,采用雾喷技术种蘑菇,与人工用喷壶浇水或采用普通滴灌相比可节水三成。食用菌种植对于缓解我国水资源紧张的状况具有重要意义。

所以,针对我国人均耕地严重匮乏和人均淡水资源严重不足的现状,开发食用菌资源这一高效、节约土地和水资源的新型战略产业,为解决我国粮食安全等问题提供了一条新路径。

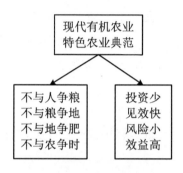

图6.1 食用菌的独特优势

二、有利于农业绿色发展

食用菌开发的生产原料主要包括一系列的动植物或者相关作物的秸秆、木屑、籽壳和禽畜粪便等废弃物,其生产过程是农业废弃物资源的循环利用过程,实质是生态经济,核心是资源的多级利用,从而获得最佳的经济效益。食用菌可以分解、吸收、利用人类和动物不能直接利用的物质如木质素,在发酵成高蛋白低脂菌产品后,实现农业资源的高效、高质量、高效率的生态循环。栽培生产剩余的菌渣和菌糠经过加工处理作为绿色有机肥料,再次投入到动植物的生长中,从而使得食用菌和动植物的废弃物资源都充分得到回收利用,还可以提高土壤肥力,提高粮食产量,同时为食用菌生产积累更多的原材料,有利于充分地综合利用农业废弃物资源。可见,一整套的食用菌生产循环能够带来最佳的经济效益,有利于形成良性的农业循环,是农业绿色发展的有效途径(图 6.2)。

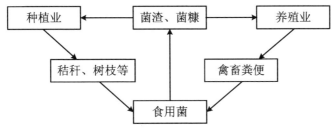

图 6.2 食用菌生产循环过程

三、有利于产业精准扶贫

食用菌投资少、见效快、效益高,适合小农户种植和工厂化生产,种植食用菌所产生的经济效益是大田作物的 10 倍以上,民间就有"一亩园十亩田、一亩菌十亩田"的说法。2016 年,国家相关部委联合印发的《贫困地区发展特色产业、促进精准脱贫指导意见》,提出把食用菌产业作为精准扶贫的重点项目进行培育和扶持,使其在农业增效、农民增收和新农村建设中发挥出积极作用。很多地方政府都把发展食用菌产业当作精准扶贫的新抓手。据统计,在全国 592 个贫困县中,有 420 个发展食用菌产业用以扶贫。阳城县食用菌扶贫产业年转化废弃农作物下脚料达到 5 万多吨,使农民增收 1.2 亿元,使众多农户走上了脱贫致富之路。吉林农业大学李玉院士团队利用种植"玉木耳"这个新品种开展产业精准扶贫,试点的贫困县当年就实现了脱贫。当前,我国已进入扶贫开发的攻坚冲刺期,为了打赢脱贫攻坚战,大力发展食用菌特色产业,科学推进食用菌产业精准扶贫工作,是我国贫困地区产业精准扶贫的发展模式和路径。

四、有利于健康中国战略实施

"一杯牛奶强壮一个民族"的口号,曾在日本流行,证明了科学、合理的饮食结构对增强国民体质有着重要意义。世界卫生组织倡导"一荤一素一菌"的健康膳食搭配。食用菌具有"一高(高蛋白)、二无(淀粉、胆固醇)、二低(糖、脂肪)、四多(维生素、氨基酸、矿质元素、膳食纤维素)"的特点,通过食用菌开发来改善国民营养膳食结构、促进健康中国战略实施,具有现实而长远的意义。

我国政府发布了《国民营养计划(2017~2030 年)》,提出发展食物营养健康产业,要求大力发展传统食养服务。食用菌不仅是餐桌佳肴原料,也能生产出衍生食品,如菌类面条、菌类大米、菌类肉酱、菌类面包等,还有利用从菌类中提取的蛋白质、脂肪制作出各种冰激凌、养生酒、菇松等。通过开发食用菌产业,推出众多品质优良、色香味俱全和营养丰富的菌类新产品,是发展食物营养健康产业的重要措施,也是弘扬中华传统食养的必经之路。

不少食用菌还是药食同源食品,已经查明的药用真菌约有 200 种,包括灵芝、天麻、茯苓、桑黄、猪苓、蛹虫草等菌物药,对于人体健康平衡有着重要意义。灵芝等药用真菌在提高免疫力、降低血糖、预防心血管系统疾病和抗肿瘤等方面,有着重要的利用价值,是发掘中医药瑰丽宝库、造福人民健康的宝贵资源,药用菌产业发展具有广阔前景。

五、有利于"一带一路"建设

"一带一路"沿线大多是新兴经济体和发展中国家,这些国家普遍处于经济发展的上升期,普遍重视开展农业互利合作。同时,"一带一路"沿线各国都有长期食用食用菌的饮食习惯,特别是以素食居多,对食用菌更是偏爱,食用菌有巨大的消费市场潜力。抓住"一带一路"建设的机遇,积极推动食用菌产业"走出去",造福"一带一路"沿线国家和人民,既是适应经济全球化趋势的现实选择,也是满足食用菌企业自身发展壮大的内在要求,更是食用菌产业调结构和转方式的重要表现。近年来,我国与美、日、韩、俄罗斯、赞比亚、坦桑尼亚等国家和地区开展了食用菌栽培技术合作,组织企业和合作社参与"一带一路"沿线国家食用菌产业开发经营。吉林省吉海农赞比亚公司以吉林农业大学李玉院士的科研团队为支撑,建成了赞比亚最大的食用菌工厂,实现了蘑菇的全年生产,改变了当地以前只能在雨季吃上蘑菇的状况,产品还出口至南非、坦桑尼亚、马拉维等周边国家。辽宁省鞍山市大力提升食用菌产业与"一带一路"沿线国家的合作,向"一带一路"沿线国家出口盐渍食用菌、速冻食用菌和食用菌罐头等特色农产品,深受这些国家民众的欢迎,既创造了可观的经济效益,又提高了新兴经济体和发展中国家中食用菌产品在农产品中所处的地位。当食用菌这一"小食品"蹭上"一带一路"的"大热点",就成为闪亮的具有中国特色的"金色招牌"。

第三节　推进我国食用菌产业开发

2017年中央一号文件第一次写入"食用菌",有力地推动了食用菌产业进一步发展,尤其是近年来各地纷纷以发展食用菌产业推进精准扶贫工作,食用菌产业规模迅速扩大,涌现出一批食用菌产业发展新模式、新技术、新业态。但是,总体上看,我国食用菌产业仍然大而不强。虽然我国食用菌产量世界第一,但是,我国食用菌产业的整体实力并不强,在国际舞台上缺乏话语权。习近平总书记提出:"中国要强,农业必须强。"食用菌作为农业重要组成部分,必须要强起来。建设食用菌强国,是我国农业现代化的目标之一。

(一)食用菌强国的内涵

党的十八大以来,我国食用菌行业中的一些有识之士提出建设食用菌强国的设想,并进行了深入地研究。2014年9月15日,在以"研判大势、预见未来"为主题的2014中国食用菌产业年会上,中国工程院李玉院士在题为《未来三十年的中国食用菌产业》的演讲中,提出未来10~30年我国有望从食用菌大国发展为食用菌强国,并从17个方面作出预测。2017年6月,李玉院士在中国科协年会上作了题为《走中国特色菇业发展之路,实现食用菌产业强国之梦》的主题报告。2017年11月,在第十届中国蘑菇节上,李玉院士再次呼吁"走中国特色的发展之路,圆食用菌强国之梦"。

综合李玉院士和食用菌界有识之士的观点,我国建设食用菌强国的内涵可以概括为:以习近平新时代中国特色社会主义思想为指针,瞄准现代农业和大健康产业需求导向,树立"大食用菌产业"的工业化思维和生态环保理念,依托我国资源特色和政策优势,以食用菌文化和科技创新为两翼,以食用菌精深加工和品种选育为主攻方向,以品牌和质量升级为重点,以农法为主、促进工厂化发展,推进食用菌生产过程自动化、品种多样化、设施轻简化、管理标准化、利用高值化,加快中国食用菌产业走向世界舞台步伐,实现有中国特色的菇业现代化强国梦。

建设食用菌强国,基本目标应包括以下四项内容:

1. 产业化经营强起来

食用菌产业正迎来市场稳定下的稳定增长,进入了技术、品种、模式不断创新,形态更为高级,分工更为复杂,结构更为合理的专业化分工的新常态。在新常态大背景下,必须持续推进食用菌产业结构转型升级。通过深入推进食用菌供给侧结构性改革,提高生产的组织化程度,解决分散的小农户与大市场的对接问题;通过进一步实施多品种、多元化、土洋结合的食用菌产业化路径,增强食用菌的市场竞争力。

2. 产业科技化强起来

我国食用菌产业与日韩、欧美的差距主要是科技水平上的差距。科技创新是食用菌产业发展的出路,必须强化食用菌整个生产经营过程中的科技创新,从以往的劳动密集型产业转向技术密集型产业。尤其是亟待加强两个方面的创新:一是提高食用菌种业自主创新水平,促进人工驯化的栽培种质资源大幅度上升,改变菌种依赖国外的状况。二是提高食用菌加工水平,提升从初加工到以食用菌为基础材料的深加工产品品质,包括保健品、药品、化妆品,打造一批有国际竞争力的食用菌品牌,进入国际市场。

3. 标准化生产强起来

标准化生产是食用菌生产未来转型升级的关键目标。通过食用菌工厂化实现标准化生产,打破食用菌季节性和地域性的限制,改变原来的高产能、高能耗、高劳动强度的状态,像生产工业产品一样,在完全可控制的环境下按照批量和规格生产食用菌,将生产过程改造成为现代化的,高技术、高水平的,拥有自身知识产权的标准化栽培过程。在标准化生产过程中,淘汰一批落后企业和落后产能,实现产业升级。

4. 食用菌文化强起来

食用菌文化是中国五千年医养文化、餐饮文化的重要内容。在发展食用菌产业过程中,应通过深入挖掘食用菌文化,把传统的中医药学理论、民俗文化和传统的生态学理论融入到食用菌产品中,构建多元传播载体,让国人感受食用菌文化魅力。同时,建立食用菌品牌化经营服务目标,树立自身形象,塑造独特销售理念,产生溢价和增值。在推动食用菌"走出去"过程中,将食用菌的饮食文化与技术、企业、产品一起带出国门,讲好中国食用菌故事,充分体现中国食用菌产业的内涵。

三、我国食用菌开发的举措

(一)强化机遇意识

当前我国进入中国特色社会主义新时代,我国社会主要矛盾已转化为人民日益增长的美好生活和不平衡、不充分的发展之间的矛盾,食用菌产业发展面临千载难逢的机遇。食用菌开发要找准导向,抓住机遇。

1. 要抓住健康产业发展机遇

国家实施健康中国战略,社会消费需求转型升级,大健康产业迅速崛起,人民群众对健康农产品的需求越来越迫切。发展健康农业恰逢其时,"三品一标"农产品、食药用菌、药食同源产品开发面临难得机遇。

2. 要抓住产业精准扶贫的机遇

按照党中央国务院关于打赢脱贫攻坚战,确保到2020年我国现行标准下农村贫困人口实现脱贫的部署,很多地方选择了食用菌作为精准扶贫产业,这是食用菌发展的契机。要紧扣食用菌助推脱贫攻坚的黄金时间节点,推进食药用菌产业发展。

3. 要抓住绿色发展的机遇

国家高度重视生态和环境保护,而食用菌真正实现了农业废弃物的资源化利用,发展食用菌产业是一条绿色发展之路。

4. 要抓住"一带一路"的机遇

我国食用菌"走出去"有产业、技术、人才、资金、文化优势,通过参与"一带一路"倡议,既适应沿线国家经济社会发展之需,又有利于我们的食用菌产业发展壮大,实现互利、共享、共赢。

(二)制定规划区划

合理的规划是食用菌产业发展的前提。要按照国家发展和改革委员会、农业部、国家林业局联合印发的《特色农产品优势区建设规划纲要》,坚持市场导向和绿色发展,以区域资源禀赋和产业比较优势为基础,以经济效益为中心,以农民增收为目的,制定并实施食药用菌优势区域规划。要突出国家级特优区和省级特优区两级架构,做好特色食药用菌优势区的创建、认定与管理工作。要在完善标准体系、强化技术支撑、改善基础设施、加强品牌建设、培育经营主体、强化利益联结等方面统筹推进,重点建设和完善"三个基地"(标准化生产示范基地、加工基地、仓储物流基地)、"三个体系"(科技支撑体系、品牌建设与市场营销体系、质量控制体系)和"一个机制"(建设和运行机制),构建产业链条相对完整、市场主体利益共享、抗市场风险能力强的特色食药用菌优势区。同时,要按照"区域化发展、良种化布局、精深化加工、产业化开发、一体化服务"的思路,坚持因地适宜和分类指导,推进食用菌标准化基地建设,逐步形成区域特色突出,示范园、标准化基地相互支撑的食药用菌区域产业格局,带动食用菌发展走集约化、规模化和专业化之路,促进农民增收致富。

(三)加强科技创新

食用菌科技创新内容很多,当前最紧迫的是菌业种业和加工技术两个方面。要加大投入,推进产学研结合、农科教结合,实施食用菌良种工程和产品加工技术创新工程,加快食药用菌开发人才的培养、培训。要从食用菌栽培源头上进行创新,建立一整套的栽培科研技术系统,推进食药用菌菌种"育繁推一体化"体系,培育中国菌业种业龙头。在菌种培育过程中,进行引种实验和杂交育种技术研发,做好科学育种、科学配种的相关研究,鼓励支持转基因技术选育新物种(如通过草菇的转基因技术和转基因育种获得转基因菌株)。要加强食用菌精深加工、设计包装和保质技术的研究,加强食药用菌生物技术的基础研究,鼓励支持食药用菌及中药的配伍配方研究,生产出更多具有中国特色的保健品、药品、化妆品等。增加食用菌在药用功能方面的科技投入,提高对野外毒菇的甄别能力和技术水平,把握好食用菌开发利用的质量安全关卡。要研究制定更加完善、严格的行业标准,加快标准化生产技术的推广和实施,提高产品的技术指标和质量安全系数。要建立健全食药用菌技术人才培养体系,制定并落实吸引专业人才投身食药用菌开发的政策,培养造就一支"一懂两爱"的食药用菌人才队伍。

(四)大力培育品牌

实施品牌战略是发展食用菌产业的根本之路。我国目前食用菌大企业约有2 000家,但是,针对我国食用菌品牌稀缺、高端品牌不足的现状,必须牢固树立品牌意识,走"高、尖、精"的品牌路线,充分发挥出食用菌高附加值的作用。

一是分区域、分品类培育食药用菌公共品牌,鼓励菌业企业、合作社创立特色品牌。开展区域公共品牌价值评估并定期公布,加快形成"区域品牌+行业品牌

＋企业品牌"的品牌体系。

二是加强食药用菌品牌的宣传推介。各地应成立宣传、农业、工商、食药监等部门和行业协会组成的联席会议,加强对包括食药用菌在内的农产品品牌的宣传推介。通过举办展会、论坛、食药用菌品牌创意大赛,鼓励有公信力的名人担任公益性代言人,开展影视、广告、直播、媒体联动宣传等形式,多形式推介、宣传食药用菌品牌。安徽金寨县通过举办全国药用菌产业发展大会、宜春市通过举办原生态食用菌论坛,分别向全国乃至全世界宣传推广"中国药用菌之都""中国原生态食用菌之都"品牌,这种做法值得借鉴。

三是加强食药用菌检验检测体系建设。建立国家、省(或区域性)、市、县、乡镇三级农产品质量检测体系建设,建立健全农产品检验监测发布制度,定期公布包括食药用菌在内的特色农产品检验监测结果。

(五)培育新主体

培育新型食药用菌经营主体,是加快发展现代食药用菌产业、实施乡村振兴战略的重要内容。应将培育各类菌业新型主体这项工作纳入新型农业经营主体培育工程,更好地带动小农生产和现代农业发展有机衔接。

一要加快实施食药用菌产业化示范工程,重点培育、支持对农民就业增收带动力强的菌业龙头企业。加大菌业招商引资引智力度,注重引进大龙头、大企业、大项目。

二要大力培育食药用菌产业化联合体。大力扶持菌业农民合作社联合社,探索推广"龙头企业＋合作社＋基地＋农户"的组织模式,发展多种形式的菌业混合所有制经济,打造菌业生态循环农业产业集群。鼓励发展跨区域的菌业服务型联合体。支持菌业龙头企业和农民合作社开展产品加工流通和社会化服务,鼓励菌业联合体走出国门开拓市场,参与"一带一路"建设。在深化"企村对接"精准扶贫行动中,引导和支持劳动密集型、加工型企业到贫困地区开设"食药用菌扶贫车间"。

三要培养大批新型食药用菌职业农民,将此纳入实施新型主体带头人轮训计划,促进农业农村创业创新和脱贫攻坚。

(六)培育新业态

培育食药用菌新业态,应聚焦三产融合,提高产业综合效益,关键点有四个方面:

一是大力发展食药用菌初加工,支持农民专业合作社建设田头鲜活菌品仓储设施。对企业根据委托合同受托对符合规定的农产品进行初加工服务,其所收取的加工费应享受企业所得税减免优惠。省级和市县农业产业化资金,应将食药用菌初加工纳入支持范畴。

二是大力发展食药用菌产品和食品深加工。要建设全链条、全循环、高质量、高效益食药用菌产业化集群,注重开发以食药用菌产品为原料的快消品、直接入口食品,前瞻性地引导发展以食药用菌为原料的保健品、医药品和化妆品。各省设立的省农业产业化基金,要明确扶持食药用菌产品深加工。

三是大力推进农旅融合。将食药用菌发展纳入农业"三园一体"、特色农业小镇、国家农业公园建设和当地乡村旅游规划,培育菌业、旅游、养生综合体,鼓励发展以食药用菌为载体的创意农业。

四是推进"互联网+现代菌业"。运用大数据、物联网、云计算、人工智能等技术,大力发展智能型、智造型食药用菌产业,提升产业发展水平。尤其要聚焦精准决策,服务市场主体。建立食用菌产业大数据库,建立菌业预警监测体系,对于食用菌生产标准和价格指标实行严格的监管预测,大力发展各类菌业电子商务,发布食药用菌电商指数,以大数据分析为基础,提高食用菌市场的流通效率,引导各类菌业主体"种好、产对、赚多"。

四、推进食用菌开发的对策建议

(一)加强统筹协调

食药用菌产业涉及社会各个方面,长期以来由于多种原因,对其的管理和指导趋于弱化,甚至出现多头管理现象。2017年中央一号文件发布后,国务院明确食用菌产业发展由农业部负责。作为牵头部门,需要农业部在切实承担牵头指导责任的同时,需要协调商务部、卫计委、食药监局和全国供销总社等有关部门的关系,理顺关系,各司其职,合力推进食用菌行业的监督管理。要发挥政策、规划的引领作用,研究制定扶持食用菌产业发展政策,制定全国食药用菌产业发展规划和年度计划,划定国家级和省级食用菌特色优势产业区。中国农科院和食药用菌大省应设立食药用菌研究所(中心),加强相关科研工作。高校应设立食药用菌学院或专业,加快食药用菌人才培养。对作为种植业第六大产业的食药用菌产业,统计部门应将其纳入各项数据统计和分析的范畴,以利于产业知己知彼,更好地发展。有关产业部门和民政、科协部门还应加强对食药用菌行业组织的指导、协调和管理,推动食用菌社团活动有序开展,更好地发挥作用。

(二)加强菌物药开发

菌物药是食药用菌的重要部分,具有保健药用功能,属药食同源性质的真菌。过去开发食用菌多注重以食用功能为主,没有充分利用菌物药的潜在价值,食用菌的药用功效与食用功效未能发挥互补作用,未能实现协调均衡发展,出现了"一条腿"走路的现象。实际上,菌物药相对于植物药、动物药、矿物药,其保健、医疗等来说开发空间更大,是生物医学开发的制高点。但是,菌物药一直都归入植物药,通过分子研究发现,实际上它和植物药完全不同。目前因为我国现行政策法规不允许,很多菌物药如灵芝孢子粉、桑黄、桦褐孔菌都不能入药。为了适应健康中国战略的实施和人民群众对健康的需求,传承和弘扬祖国中医精华,应当在中药中把菌物药单独列为一支加以扶持,同时在政策法规层面进行调整。同时,我们要加强菌物药的基础研究,取得相关数据,通过现代医学手段证明菌物药的机理、功效,而不再是口口相传。除此之外,还要普及菌物学的知识,让更多的人知晓菌物药科学,营造菌物药开发的良好环境。

(三)加强食药用菌种业开发

我国现在食药用菌产量世界第一,但菌种严重依赖国外,产业发展在品种上受制于人。因此,亟待加强食用菌种业开发,走强种兴业之路。国家应像重视粮食种业一样重视食药用菌种业,将其纳入国家良种工程,加大财力投入,同时鼓励高校、科研单位、大型企业开展食药用菌种业创新。中科院李玉院士提出"一区一馆五库"的理念,即设立菌物保育区,建立菌物标本馆和菌种资源库、菌种活体组织库、菌种有效成分库、菌种基因库、菌种信息库。目的在于防止濒危的菌物资源灭绝,建立保育区以保护珍惜菌物资源,防止人为干扰破坏,确保遗传丰度,使子孙后代能够利用这些资源继续发展食药用菌产业。李玉院士团队已在吉林、青海、西藏、安徽等地建立一批地方性保育区,食用菌开发利用与生态环境和谐共生,得到社会的广泛认可,国家应对此给予大力扶持。同时,应建立国家级食药用菌自然保育区,加强珍稀食药用菌种质资源的发掘、保护、研究、繁育和推广;应加强国家食用菌标准菌株库建设,对食用菌的认定品种和栽培种类的育种资料,做到应保尽保。

(四)进一步加大对食用菌产业的扶持力度

实际上,食用菌产业开展的研究和开发投资少、见效快,在精准扶贫中很多地方政府首选发展食用菌产业,其主要原因就是它不需要投入太多,利用简单的设施就可以进行生产,以改变当地贫困落后面貌。食用菌不止是蔬菜和副食,而应进入主食,应使食用菌类蛋白成为"中国粮"的重要组成部分。所以,建议国家将食药用菌产业列为战略性新兴产业,并由相关部门出台促进其发展的政策和法律法规,如出台并落实财政支持、税费减免、设施用地扶持、电价优惠等政策;创新金融服务,支持开展菌业设施设备抵押贷款和生产订单融资,推广大型设备融资租赁;推动农业信贷担保和农业大灾保险试点覆盖食药用菌生产大县、园区、企社和大户;推动农业保险保障水平覆盖全部菌业生产成本;完善相关品牌和专利权的申请与保护政策;制定食用菌产业的国家标准,完善安全质量体系,确保让人民群众吃上"放心菌"。

第七章 国外微生物产业发展的借鉴与启示

近年来,许多发达国家纷纷出台政策扶持微生物产业发展,其中部分发达国家在微生物产业方面已经形成了相当成熟的机制并取得了令人瞩目的成就。我国微生物产业具有十分广阔的发展前景,但也面临着技术、资金、人才等多方面的制约。学习发达国家发展微生物产业的经验,有利于缩短我国与发达国家之间的差距,加快我国微生物产业发展步伐。

第一节 微生物组研究概述

2016 年 5 月 13 日,美国白宫科学和技术政策办公室(OSTP)与联邦机构、私营基金管理机构一同宣布启动"国家微生物组计划"(National MicrobiomeInitiative,简称 NMI),这是奥巴马政府继脑计划、精准医学、抗癌"登月"之后推出的又一个重大国家科研计划。

早在 2015 年 5 月,OSTP 便发布公告称,对微生物群落或"微生物组"基本问题的研究,将有助于推动基础研究迈向广泛领域的实际应用,包括环境治理、粮食生产、营养与医学研究等。鉴于微生物组研究在各个不同应用领域存在的、已经证实的和潜在的价值,美国率先开展了这项计划。

根据白宫公布的信息,新研究计划关注的方向主要包括以下几个方面:支持跨学科研究,解决不同生态系统微生物的基本问题;开发平台技术,增强对不同生态系统中微生物组的认识并积累知识,增强微生物数据访问的便利性;通过公众参与，扩大微生物研究在公众中的影响力。

参与此次微生物研究计划的组织阵容强大，美国能源部、航空航天局、国立卫生研究院、美国国家科学基金会、农业部都公布了相应的研究方向。这些部门将一起展开环境微生物的研究，构成 NMI 的研究系统。以往美国政府每年会在微生物研究上投入 3 亿美元，NMI 计划将会令这一领域的研究经费增长 1.21 亿美元。作为对白宫这一举措的回应，投资者以及科研机构会跟进 4 亿美元的研究投入。

NMI 计划将会给我们带来什么？这是一个很难回答的问题，如果将与人类相关的所有环境微生物和人体微生物都弄清楚，那么这将是人类认识生命历史上重要的事件之一。同时研究工具以及手段的进步，将会提高微生物研究的效率。微生物本身是一个巨大的知识库，它将会在很大程度上改变我们对微生物、环境以及我们自身的态度。例如我们通过生活方式的改变，来增加微生物对人体健康带来的影响。

事实上，除了 NMI 计划外，目前美国和欧盟已启动的大型人类微生物研究计划还包括人类微生物组计划（HMP）和 MetaHIT。HMP 计划由美国国立卫生研究院启动，旨在收集与人体相关的所有微生物，探讨微生物群落的丰度对人体的影响，从而帮助我们了解其在人类健康和疾病中的作用。MetaHIT 计划是由欧盟第七框架计划（FP 7）资助的子项目之一，致力于建立人肠道微生物基因与人体健康和疾病的关系。

一、微生物组研究的意义

微生物组（microbiome）是指一个特定环境或者生态系统中全部微生物及其遗传信息，包括其细胞群体和数量、全部遗传物质（基因组）。它界定了涵盖微生物群及其全部遗传与生理功能，其内涵包括了微生物与其环境和宿主的相互作用。微生物组学（microbiomics）以微生物组为对象，研究其结构与功能，研究内部群体间的相互关系和作用机制，研究其与环境或者宿主的相互关系，并最终能够调控微生物群体生长、代谢等，为人类健康和社会可持续发展服务。

长期以来，受制于技术发展水平，微生物群及其功能的形成过程和机制，以及驱动微生物群演化的动力等，在很大程度上还是一个"黑箱"。由于组成复杂多变、分布广泛，微生物组成为与人的大脑并列的尚未被充分认识的复杂生物系统。近 20 年来，"组学"与大数据等技术创新，系统与合成生物学等研究思路创新，为攻克其复杂性带来的巨大挑战提供了重要机遇。研究微生物组的重要意义体现在以下

几个方面:

(一) 微生物组是新一轮科技革命的战略前沿领域

从科学角度看,揭示生命和地球生物圈中各个层次生态系统的运转机制,已经到了必须弄清楚微生物群体活动的大尺度效应(包括如宿主环境的生态位)和微观机制(分子生物学到系统生物学机制)以及两者相互关系的关键时刻。从技术驱动看,已经开展的人体微生物组计划、地球微生物组计划等,基本实现了从核心技术研发到关键知识跃升的转化,已经证明"自上而下"的系统生物学和"自下而上"的合成生物学研究方式在研究微生物组等复杂生物体系方面所具有的巨大潜力。

微生物组是整个地球生态系统的"基石"之一,从人到地球生态系统的各种生态位中,几乎无处不在,且互相紧密结合,形成完整的复杂系统;微生物组的正常状态与运行,是保证系统健康的重要因素之一,一旦出现结构失衡和功能失调,系统就会出现病态。因此,目前人类面临的从疾病流行到生态恶化、气候变化等复杂系统的病态问题,背后几乎都是因微生物组失调而致。自开展分子微生物生态学和微生物宏基因组学的探索以来,已经革新了人类对微生物在自然界中作用方式和程度的认知,并促使人类重新认识微生物群体与个体以及微生物群体与生态环境(包括自然环境、人类和其他生物)的关系,带来了大规模、井喷式的知识增长。从应用需求看,全面系统地解析微生物组的结构和功能,搞清楚相关的调控机制,将为解决人类社会面临的健康、农业和环境等重大系统问题带来革命性的新思路,而相关的微生物技术革新,又能带来颠覆性的技术手段,提供不同寻常的解决方案。这样一种从基础研究、转化研究到技术创新和应用产业化的微生物组创新链和服务链正在迅速形成,拓展到了工业、农业、医学和环境等各个方面。

(二) 国际微生物组研究处于转折期,存在重大机遇

在国内外已经获得初步突破的基础上,微生物组研究已经成为国际新一轮科技革命的战略必争"高地",西方发达国家从政府到社会均有大量资源投入,参与研发的科技工作者和机构也日益增多。正是在这迅猛发展的实践中,人们愈加认识到这一研究与开发工作需要采取新的多学科交叉和国际化协作的大科学计划的组织模式。因此,中、美、德等国科学家在《自然》杂志发文,呼吁开展"国际微生物组计划"。从微生物组的提出和国际科技竞争态势看,有四大趋势值得重视。

1. 研究范围日趋广泛,应用导向更加明确

由先前的微生物资源调查和微生物组能源、健康应用,向综合考虑健康、农业、

环境等方向转变。此前美国已经开展了"从基因组到生命计划"（2002年启动）、"人体微生物组计划"（2008年启动）、"地球微生物组计划"（2010年启动），日本开展了"人体元基因组研究计划"（2005年启动），加拿大开展了"微生物组研究计划"（2007年启动），欧盟开展了"人类肠道宏基因组计划"（2008年启动）等，都侧重微生物资源调查和微生物组在能源、健康领域的应用。美国2015年提出的"联合微生物组研究计划"，该计划每年至少投入4亿美元，未来2~5年可能上升到每年5亿~6亿美元。此计划强调需要同时关注微生物组在健康、农业、环境、生态等方面的应用潜力。

2. 研究中更加注重技术发展和学科交叉汇聚

技术发展的重点，由传统微生物学技术向以培养组学、高通量测序、成像技术和生物信息技术等为代表的新一代微生物学技术转变。强调通过在取样（原位、无创、突破不可培养）、检测（定量/实时、"组学"技术、单细胞/高通量）、统计（研究设计/生态学指导、生物信息＋大数据分析）、验证（模型体系＋合成生物学技术）等方面的创新，驱动微生物组学向深度发展，这反过来越来越需要多学科交叉汇聚。

3. 研究的组织机制创新

基于微生物组学研究特有的"涉及领域宽泛、数据复杂密集、便于技术工程化和学科交叉会聚"四大特点，项目组织机制创新的要求更为迫切。微生物组科学研究与技术开发项目的组织，需要在继续推进探索性基础研究的基础上，向目标导向的系统性数据收集和机理研究以及以集成性研究开发为主的机制转变，有效解决样本和元数据收集的标准化问题，有效解决数据整合分析的机制问题和技术问题，有效解决从基础研究向转化型研究和产业应用转化的机制和工程技术问题。此外，还要关注不同生态系统微生物组的研究与应用的合作以及资源和数据的整合，真正实现跨学科、跨领域的合作研究。

4. 大科学计划和全球化合作

大科学计划和全球化合作为后发国家赶超美国等先启动国家，并主导国际合作提供了新机遇。大科学计划和全球化合作能更有效地促进研究的标准化和协调性，通过整合和关联成千上万个单个实验室产生的数据，发现影响全球的普遍性的规律。先前，美国凭借其在生物科技领域的优势，主导国际大型生物科技计划。随着美国"联合微生物组研究计划"的推出，欧盟、中国、巴西、法国、日本等国家和地区也会推出自己的微生物组计划参与竞争。后发国家依托资源特色和技术路线的引进创新与整合创新优势，结合在某些领域的强烈需求，采取"非对称"策略，完全有可能在特定领域实现弯道超车,解决国家经济和民生需求,主导国际合作。

(三)微生物组研究取得的一些重要突破

自微生物组概念提出以来,人们对微生物组的关注热度不断增加,在百度上搜索"微生物组"一词,结果显示有超过 600 万条信息;研究报告和研究论文统计显示,微生物组研究成果正在以指数级增长。分析、梳理在各个领域取得的显著成果发现,人们对人体健康微生物组关注最大,特别是在消化道微生物组方面,已经发现肠道微生物组与糖尿病、肝病、肥胖症、精神疾病等具有相关性,对艰难梭菌(clostridium difficile)引发痢疾的菌群移植治疗方案,不仅颠覆了传统治疗方案,还进一步提出了消化道微生物组菌群平衡对身体健康具有重要影响的新理念。目前研究发现,人体肠道中栖居多达 1 000 种微生物,每个人肠道中平均有 160 种微生物物种,其细胞数量更是人体自身细胞数量的 10 倍,这些微生物与人体衰老、中草药疗效等有着密切的关系。

美国 2010 年启动的"地球微生物组计划"(EMP)计划在全球采集 20 万份样品,旨在全面系统收集地球生态系统包括自然环境(陆地、海洋、土壤、水体等)和人工环境(例如污水处理生物反应器等)在内的微生物种群、数量、分布、结构和功能等数据,为科学家提出和验证科学假设、认知和把握当今和未来地球生态环境打下基础。这一雄心勃勃的计划发布伊始曾遭到批评并被认为不可能实现,然而,到 2014 年,这一计划已经完成 3 万份样品的测序和分析,极大地增加了科研人员实现这一计划的信心。通过 EMP 计划的实施,基本确立了统一的并不断完善的研究方法,已经完成了美国中西部大草原土壤、俄罗斯西伯利亚永久冻土、墨西哥湾深海沉积物等环境中的微生物组数据采集和分析,揭示了这些环境中的微生物的特征,以及调控和影响这些环境中的微生物群体演化、有机物转化和对环境变化的响应,并发现了人类活动对微生物生态系统可能产生的巨大影响,后者正在被越来越多的科学家认识,并受到普遍的关注。

二、我国发展微生物组研究的基础与挑战

我国具有发展微生物组研究的三大优势,也面临技术和组织管理方面的两大挑战。

（一）我国发展微生物组研究的三大优势

1. 具有多样的环境和丰富的生物资源，并拥有综合集成平台

我国具有多样的环境和丰富的生物资源，蕴藏着应用潜力无限的特色微生物组。我国人群遗传的多样性结合多种地域性饮食与生活习惯类型，决定了我国拥有众多差异明显又各具特色的人体微生物组。我国农、林、草作物及禽、畜、鱼种类繁多，生长环境差异大，再加上我国拥有特有的动植物资源（如中草药等特色植物、熊猫等特有野生动物），这一方面的微生物组资源不仅丰富而且有特色，成为进一步开发的重要资源。我国有历史悠久、体量巨大的发酵产业，其中相当大的部分为复杂菌群发酵，自然是微生物组研究的重要对象。我国在环境保护与污染生态体系修复方面的任务繁重，更为微生物组研究提出了紧迫的需求和任务。

微生物新种类的发现与鉴定一贯受到我国科学界的重视和自然科学基金委的特别支持。近年来，结合微生物基因组研究的发展，与这一工作相结合的微生物系统学的研究也不断向微生物学的方向快速发展。2014年，国际微生物分类学权威杂志《International Journal of Systematic and Evolutionary Microbiology》（IJSEM）上发表的599篇关于新种的文章，有29.7%来自中国，排名第一。日本菌种保藏中心（JCM）2014年收到来自于22个国家的759株菌种，其中32%来自中国。

微生物资源作为国家自然科技资源的重要组成部分，于2003年就纳入了国家自然科技资源平台建设。该平台以农业微生物、医学微生物、药用微生物、工业微生物、兽医微生物、普通微生物、林业微生物、典型培养物、海洋微生物9个国家专业微生物菌种管理保藏中心为核心，在不同领域内组织103家资源优势单位进行资源的标准化建设，开展微生物资源的整理，累计整理16.2万株。截至2008年年底，完成整合入库的菌种资源约占国内微生物资源量的40%~45%。同时，平台制定与完善了国家微生物菌种资源标准体系，促进了微生物资源的收集整合和深度利用。

2. 国家长期资助，在相关微生物研究领域中拥有一批高水平人才队伍和基础性成果

在科技财政经费方面，国家自然科学基金资助经费逐渐增加，加上"973"计划、"863"计划和中科院战略性先导科技专项的支持，目前我国微生物学领域的研发经费每年近4亿元。

我国在微生物学、微生物生态学、微生物基因组学与功能基因组学等领域已有良好的基础,特别是在微生物的物种资源的分类与进化,生理生化与代谢,遗传与发育及其对环境和宿主的影响,土壤微生物与农业等方面取得了长足的进展,部分成果已经达到国际水平甚至处于领跑位置。例如,参与人类微生物组计划,提出以肠道菌群为靶点的慢病预防等新观点,培养了一批高水平的研究队伍。在上述丰富资源与强烈需求的驱动下,我国微生物组研究工作的启动基本与国际同步,这得益于国内优越的基因组和其他组学平台所提供的服务,研究水准基本上达到了国际前沿状态。但是,与我国生命科学同类研究存在的普遍问题相同,这一领域的不足基本上可以归纳为三个方面:一是研究的覆盖面还相对狭窄;二是分析与实验验证及应用开发方面的原创性工作还不多见;三是系统性研究体系的建立还有待时日。

3. 具有面向基础与应用研究的国家重点实验室等建制化研究体系,一贯重视微生物学与其他学科的交叉融合

在微生物基础和应用基础研究以及微生物技术研发和应用转化领域,我国已经建有8个国家重点实验室及面向普通微生物、农业微生物、工业微生物、环境微生物、医药微生物等各方向微生物研究的专业研究院所。这个建制化的研究体系,支撑了微生物学研究队伍的成长,支撑了长期稳定地对微生物资源的调查、收集、保藏和鉴定并开展基础和技术研发工作。我国微生物界长期重视微生物学与各学科的交叉,发挥微生物学在基础研究和应用开发两方面的积极作用。在这样的战略思想指引下,上述微生物学专业研究机构长期与相应领域方向的其他研究机构交流合作,保证了微生物学研究与各种"环境"研究相结合,并在开发应用中发挥作用。

(二)面临组织管理创新和突破技术瓶颈的挑战

我国既然在开展微生物组研究方面存在上述基础和优势,启动研究与国际基本同步,但为什么总体发展水平还不能进入国际一流层次呢?核心问题就是缺乏总体系统设计,亟须抓住关键科学问题,突破技术瓶颈。具体体现在项目组织管理上,未能实现针对重大问题,跨领域、跨部门的"联合作战";在资源与数据方面未能真正实现共享;在研究方法和技术创新方面,学科交叉不够,尤其缺少与数学、计算科学、物理等学科的交叉汇聚;大数据处理和分析技术欠缺,更缺乏这方面的人才。上述问题相互关联,需要统筹考虑,综合解决。

三、对中国微生物组计划的考虑和建议

（一）总体规划思路

如前所述，微生物组研究面临前所未有的机遇期和窗口期。所谓机遇，就是基本发展方向与基本研究手段明确，科学研究和技术应用突破的条件基本成熟，结合我国在该方向上的基础、优势以及较好的国际合作环境，有条件在今后若干年内实现大规模高速度发展。所谓窗口，就是在从相关性发现到因果机制解析的转化，从研究性资源知识积累到工程性产品措施应用的转化这两个层次上，都遇到了方法和技术的瓶颈，必须实现突破。因此，为抓住机遇，实现突破，应及时规划布局中国微生物组计划，着重强化优势，尽快启动核心研究专项；深化跨学科团队协作，增强能力，克服短板，培育创新科学思想及形成先进技术平台。

（二）基本研究思路

2016年12月，中科院刘双江、赵国屏等人组织了第582次题为"中国微生物组研究计划"的香山科学会议，会议提出并形成了规划我国微生物组计划的三个基本原则，即国家需求导向——多领域（工农医环）覆盖；科学假说驱动——多学科（数计理化生）交叉；技术创新支撑——包括研究方法和技术的创新，以及研究成果转化过程中形成颠覆性技术，服务战略性新兴产业。

按照《国家"十三五"规划纲要（2016～2020）》和国务院发布的《国家中长期科学和技术发展规划纲要（2006～2020）》，结合微生物组学国际发展态势和我国具体情况，"中国微生物组计划"应重点开展以下方面的工作：

1. 人体微生物组

《国家中长期科学和技术发展规划纲要（2006～2020）》指出，疾病防治应重心前移，坚持预防为主，促进健康和防治疾病结合；加强中医药继承和创新，以中医药理论传承和发展为基础，通过技术创新与多学科融合，丰富和发展中医药理论。越来越多的研究表明，人体健康与微生物组关系密切，包括消化微生物组、呼吸道微生物组、生殖道微生物组、口腔微生物组、表皮微生物组等，微生物组是人体不可分割的一部分。人体微生物组研究成果将在慢性病的预防和控制、亚健康的调理、医疗理念的革命和新技术发展等领域产生重大影响。中国幅员辽阔，不同民族和地域的健康人群可能具有特征性的微生物组，传统中医药是中华民族的宝藏，有研究

表明传统中药有效组分的激活,需要肠道微生物的参与才能实现。解析健康微生物组与人体互生共利的机制、病原微生物与人体细胞和健康微生物组细胞互作的机理、中药药效与肠道微生物组的因果关系,发展基于微生物组的健康维护和疾病治疗与预防技术等,是人体微生物组的重要研究内容,可以与国内外已有研究相结合,以便促进中医药产业的健康发展。

2. 环境微生物组

《国家中长期科学和技术发展规划纲要(2006~2020年)》列举了综合治污与废弃物资源化、脆弱生态系统功能恢复重建、海洋生态与环境保护等发展主题。2013年以来,国家公布了"水十条""大气十条""土十条"等一系列建设生态文明的举措。微生物是环境治理和修复的主力军,也是维护生态系统功能的基础,研究维持微生物组结构与功能的基础、微生物群体相互作用及对污染物降解和消除的影响机制、微生物组与环境因子互动的管控、环境微生物菌剂研制及应用等,将有效服务于黑臭水体治理、城市污水净化、污染土壤修复、废弃物综合利用等,这是环境微生物组研究的重要内容。

3. 农作物微生物组

粮食生产安全和农作物品质提升对我国农业发展提出了更高的科技需求,与农作物相依相生的微生物组是影响作物生长、产量和品质的重要因素,也是目前生命科学研究的前沿。农作物微生物组重点关注四大口粮和七大经济作物的增产抗病和品质提升,服务于"增效减施"的大目标。结合根际微生物组、作物表皮(叶面)微生物组、内共生微生物组等,研究微生物组对作物(水稻、棉花、小麦、大豆、土豆、蔬菜、中草药植物)的抗病性、抗逆性、产量、品质等的影响与调控机制,分析重要生物化合物(如激素、挥发性化合物等)对微生物组与作物的调控功能;研究微生物组对作物连作障碍的影响和克服手段;对影响作物产品采后品质的微生物组进行研究,分析复合感染和控制复合感染的分子机制。在上述研究的基础上,发展能够控制土壤重要性状参数,作物抗病、抗逆、促进生长和改善品质,克服连作障碍以及改良土壤质量的微生物组应用技术,为我国在作物生产过程中减少化肥、农药等的使用,提高我国农产品的产量和品质做出重要贡献。

4. 家养动物肠道微生物组

家养动物是我国农业生产的重要组成部分,应建立适合开展家养动物胃肠道微生物组研究的技术体系,系统深入地揭示家养动物(猪、奶牛、禽类等)品种(遗传型)、饲养管理对胃肠道微生物组成和代谢的影响及途径,研究胃肠道微生物与宿主的互作机制,研发能够提高饲料资源转化利用效率和生产性能、增强胃肠道功能与宿主健康、提升养殖环境质量、改善产品(肉、蛋等)品质的微生物学应用技术,显著降低或者消除抗生素使用量以促进生态养殖,整体提升我国畜禽养殖科技水平,显著提高我国畜禽养殖效益,保障畜禽产品安全,改善生态环境,促进人类健康。

5. 工业微生物组

微生物支撑着现代工业生物技术的主体,工业生物技术的升级和颠覆性生物技术的发展,需要微生物群体(组)发酵理论指导。工业微生物组通过发展混合菌群发酵、转化和生产技术,将提升传统发酵过程诸如酿造和食品发酵行业的效能和产品品质,发展新的生产原材料,提升我国矿物开采能力并扩展矿产资源储备量。研究内容包括我国主要传统发酵过程中的微生物组的动态结构与功能,揭示微生物种间、群落间及其与环境因子间的相互作用方式和协同进化机制;研制替代并据此构建传统发酵的合成功能菌群,为传统发酵产业向标准化和自动化现代发酵工艺升级改造提供理论技术支撑和优质微生物组资源;研究生物冶金微生物组与矿物互作机制、获得一批适合我国不同地区(南方和北方)矿藏和环境条件的生物冶金微生物菌群,发展新一代生物冶金技术。

6. 海洋微生物组

基于微生物组的理念揭示海洋微生物的代谢过程、信号传导联通和代谢产物形成机制,发展海洋微生物合成生物学技术,释放典型海洋生态系统微生物组蕴藏的特殊代谢途径,指导发现代谢产物、酶、能源等活性物质,以及海洋微生物药物先导化合物。获得能有效去除重金属或塑料污染的海洋微生物,发现参与不同重金属和塑料去除或降解的重要基因(簇),构建能有效脱除各种常见重金属污染和塑料污染的工程菌,初步确立相应生物制品的工艺流程。

7. 微生物组研究方法及应用的新技术平台

包括高通量微生物培养技术、微生物群体演化展示技术、微生物与宿主和环境相互作用表征技术等。

8. 微生物组数据存储与功能挖掘

制定微生物组的数据标准和接口规范,构建微生物组大数据存储和共享的平台,实现对微生物组数据的有效管理和集成;开发微生物组大数据处理的新方法,建立高质量的微生物组参考数据库、微生物组数据处理的规范流程和数据分析平台;开发基于云计算、高通量计算和大规模存储技术的微生物大数据处理和利用的标准接口,形成微生物组大数据存储、整合和开发综合应用示范平台,建立"中国微生物组研究计划"数据中心,实现从"数据分析"向"数据科学"的跨越。

(三)具体举措建议

1. 规划、设计中国微生物组计划(China Microbiome Initiative)

尽快规划、设计"中国微生物组计划",原则上分两阶段实施:第一阶段,尽快启动一批中国微生物组预研项目。这些预研项目应聚焦若干影响国计民生的健康、农业和环境领域的重大问题,聚焦有中国特色和优势的2~3个方向开展协同攻关研究。与此同时,加强技术创新研究和技术整合平台的建设,特别强调数据整合、分析、编程建模等平台的建设。第二阶段,设立规模为30亿元左右的"中国微生物组重点研发计划",列入"十三五"优先发展领域。

2. 成立中国微生物组研究计划专家组

结合我国科技计划管理改革,成立中国微生物组研究计划专家组,就国内、国际微生物组科技发展策略及举措,进行顶层规划、设计与布局。在专家组的领导下,结合科技体制改革,成立精干的操作班子,确定若干重大方向及关键科学技术问题,整合我国相关科技力量,在鼓励创新探索的同时,加强集成攻关;同时,加强与国外各类科学群体的协同合作。

3. 建立项目组织机制

形成方向坚定、目标明确、实施灵便的"集成攻关"的项目组织机制。针对不同的研究对象体系,因"事"制宜,建立相应的组织机制,目标集中、合力会聚;根据研究和开发的不同阶段及不同内容,因"势"制宜,分段实施,稳定持续资助;依据不同的应用目标,因"市"制宜,以转化型研究的思路,确定科研问题,从单向"服务"或单向"购买成果"转向科研与应用双向互动;同时,根据研发的不同阶段,采用相应的多渠道资助机制。

4. 建立国际微生物组计划

积极与国际同行交流与合作,积极推动和参与组织国际微生物组计划。力争以我们预研形成的科学思想和组织模式,影响国际计划的组织。在实施策略上,优先考虑从"一带一路"入手开展区域微生物组合作计划,进而发展为全球合作计划。

第二节　国外微生物产业发展的主要做法和经验

一、美国

自 20 世纪 70 年代以基因重组技术为标志的生物技术诞生以来,美国凭借其先进的技术在克隆、干细胞、人类基因组和人类蛋白组等研究领域均占据了领先地位。世界上一半的生物技术公司和一半的生物技术专利为美国所拥有;全球生物技术产品市场 90% 以上销售额为美国占有。美国的生物科技、生物医疗及医药行业培养和雇用了全球 75% 以上的生命科学领域博士。从科研上看,在《Nature》和《Science》等世界最权威的自然科学杂志上的关于生命科学研究的文章 90% 源于美国研究机构。美国生物产业稳居世界霸主地位,与美国政府实施的多项政策密不可分。

（一）完善组织机构和法律保障制度

美国从联邦政府到州政府均设有专门的组织领导机构和专门的生物技术委员会来跟踪生物技术的发展,研究制定相应的财政预算、管理法规和税收政策,下面还有完善的生物技术行业组织致力于协调产业和政府之间的关系,推动政府制定有利于生物技术研究、开发和产业发展的政策。美国为保护和鼓励生物产业发展,先后制定了《合作研究法》《技术转移法》《技术扩散法》《专利法》《知识产权法》《商标法》等法律,支持合作研究、鼓励发明创新并促进技术转让。这些法律法规形成了对知识产权、技术转让、技术扩散等方面强有力的法律保障体系。

（二）制定完善的产业配套政策

美国联邦和各州政府都制定了具体有效的生物产业政策,通过支持生物产业基地的建设,以及施行行政保护、专利法实施、研发费用抵税、扩大融资渠道等,鼓励企业创新和投入,推动生物技术产业的高速发展。美国政府特别重视对将来发展有重要影响的基础研究,仅以生物医药为例,尽管 2008 年美国经济放缓,但生物医药的研发投入却创造了新纪录,达到 652 亿美元之多。

（三）建立通畅的成果转化机制

美国的生物公司从大学研究机构获得或自主研发新产品，在取得阶段性成果后，便会寻找买家和战略投资者及实力雄厚的合作伙伴。这种从学术界到中小企业再到大公司，从专利技术到种子资金、天使投资、风险基金，直到后续融资、上市或兼并，已成为美国生物技术产业科研成果转化的有效途径。

二、英国

英国的生物技术和生物产业综合实力位居世界第二。英国10%的GDP直接受益于生物产业的发展。世界排名前100名的医药产品中有18个源自英国，欧洲三分之一的生物技术公司位于英国。英国的生物产业得以快速发展也是主要源于政府的政策推动。

（一）实施有效的产业政策和税收政策

英国政府通过出台多项科技和产业扶持政策，大力支持基础科学研究，营造产业发展环境，以推动生物产业的发展。税收优惠也是英国政府支持生物产业发展的重要政策之一，英国政府鼓励研发，对科研投资予以税收补贴，对投资高新技术领域的中小型企业减免20%的税收，同时简化对知识产权的税收处理。

（二）风险资本支持和注重人才培养

英国科技企业投资的90%来自风险资本，其中85%的风险投资用于发展高新技术企业，中间很大一部分投向了生物技术企业。英国政府十分注意促进生物技术人才的培养，英国政府在剑桥大学、牛津大学设立"功劳奖"，以减少人才外流，同时注意加强对生物技术等高技术人才的培养。

（三）建立和完善科技中介服务网络

科技中介通过向企业提供有关如何利用生物技术降低企业成本、改进产品质量、改善环境等方面的信息咨询服务，加强研发单位与企业的合作，促进科技成果的商业化开发。

三、日本

20世纪70年代日本就首次把关注的焦点集中在生命科学领域,制定了生命科学的发展战略,但因为多头领导、产学研之间的联系不够密切,日本早期在生物技术方面远远落后于欧美国家。20世纪80年代以来,日本政府看到了自身存在的不足与差距,采取了一系列行之有效的政策措施奋起直追,现已发展为亚洲生物产业最发达的国家。日本政府促进生物产业发展的主要措施包括以下几个方面:

(一)政府重视,政策引导

1999年1月,日本政府在出台的《开创生物技术产业的基本方针》中确立了"生物技术产业立国"的战略方针,成立了"生物技术战略委员会",并于2002年颁布了《生物技术战略大纲》来消除或减轻阻碍生物技术产业发展的部门利益现象,以此促进生物产业的发展。此后,日本政府制定了几十个大型计划,在这些计划的带动下,日本对生物技术研发投入明显增加,2002~2005年,日本生物产业市场以年均139%的增速快速发展。

(二)财政、税收上的支持

日本政府制定了高新技术产业的补助金制度以及各种补贴、信贷、税收减免和折旧制度,为生物企业开发新技术提供了优惠条件,大大调动了各企业科技创新的积极性。

(三)改革机构,创新机制

为了适应激烈的科技竞争,日本政府改革了不利于发挥创造精神的旧制度,这些变革包括增加基础研究经费;对国立大学进行法人化改革,使它们向自治、具有独立管理权限机构的方向转变,如允许高校建立自己的知识产权许可组织,进行专利授权和市场推广;允许高校教师到企业兼职;打破"铁饭碗",引入科研人员任期制;在科研经费分配上打破平均主义,采用竞争机制,促进科研人才合理流动等。

(四)加强人才培养

日本改变了片面追求智力教育、忽视素质教育的错误倾向,提倡两者的有机结合。针对日本发展生物产业初期人才缺乏的状况,大幅增加生物科学专业本科和研究生的招生人数,吸引高素质的海外生物技术领域人才到本国进行科研工作。

(五)促进政产学研的合作

日本通过建立大学与民间企业的共同研究制度、委托研究制度、委托培训制度、捐赠制度、研究室制度、经费划拨与使用制度、人员互派制度,成立"高技术市场"中介机构等方式促进政产、学、研之间的合作。将大学科研人员的新理论、新技术设想与企业界的科研有机结合起来,促进科研成果的迅速转化。

(六)加强知识产权的保护和推广应用

对有望取得知识产权的项目进行战略性研究,建立申请知识产权并进行推广应用的激励机制。

第三节 发达国家微生物产业发展对我国的启示

不同国家面临的内外部环境各不相同,其促进生物产业发展的措施也不一样,但分析以上国家的各项措施可以发现,发达国家在制定财税扶持政策,注重基础研究,关注人才培养,建立完善的科技研发、成果转化、知识产权保护、产业配套等机制,提供良好发展环境等方面普遍达成共识,这些经验对中国生物产业发展具有重要的借鉴意义。

一、完善产业部署,着眼长远发展

目前,我国还没建立起全国性统管生物技术产业研究开发及产业化的组织管理机构,缺乏全局性、长远性的战略部署。我国生物企业存在无序竞争、重复低水平建设、不注重基础性研究、急功近利等问题。建立一个统一的管理机构有利于协调各地方、各部门之间的利益,整合资源优势和科研力量。生物技术是一个需要长期研究的基础性学科,国家应着眼长远发展的目标,在基础研究、基础教育上加大投入。

二、增强自主创新能力,促进科研成果转化

一方面我国生物企业研发投入比重过低,研发创新能力较差,专利申请数量少,企业缺乏高新技术成果的支撑,产品升级换代慢。另一方面,我国的技术创新主体仍主要集中在科研机构和高校,而这些创新主体与企业联系不够密切,不利于科技成果的转化。政府应该增大对企业的扶持力度,鼓励企业建立和完善研发机构,扩大对研发的投入,让企业成为创新的主体;促进科研机构与企业之间的合作,并在政策上向两者的合作项目倾斜,对高新技术风险企业减免税收,并增加财政预算予以支持;借鉴先进国家科技中介服务形式,鼓励社会兴办各类技术交易中介服务机构,为技术转让和交易提供场所、信息和经纪服务。

三、加强人才培养,改革用人机制

我国生物产业相关专业的设置较晚,所培养的人才数量本来就少,加上一部分人才外流,造成了我国生物产业人才短缺的现象。另外,我国教育片面追求考分,忽视素质教育的缺陷仍然存在,缺乏同时掌握技术、专利、市场、经营知识的综合型人才,因此成果转化率低,科学技术不能真正转化为生产力。国家应加大生物产业相关专业的招生力度,进一步推行素质教育,优化课程设置,增强学生的动手能力,培养学生理论与实践相结合的能力。我国在用人机制上,应改变论资排辈、岗位终身制、限制人才流动等不合理制度,促进人才在企业、科研机构、高校及全国各地之间的自由流动,在科研机构中探索以科研成果为标准的分配制度。此外还应提高科研人员的待遇,为科研人员创造宽松的研发环境,引进人才、留住人才。

四、加大政策扶持力度,拓宽融资渠道

我国的生物产业企业大都属于中小企业,大多数是民营企业,规模小、资金不足、市场竞争力较差,而生物技术产业又是高投入、高风险的产业,需要大量资金作为前期投资,从研发到产出需要经历一个漫长的过程。生物产业也是一个高产出的产业,在未来的经济发展和综合国力竞争中具有极其重要的地位,因此,需要国家加大对生物企业的扶持力度,从资金、信贷、税收、产权保护等方面予以更大的支持。建议国家通过上市、放宽贷款条件等方式为生物产业企业融资创造条件。我

国储蓄率高,存在大量民间游资,而企业却缺乏资金,可借鉴国外风险投资、天使投资的做法,探索民间融资方式,引导并吸纳民间资本进入到投资领域将为企业发展提供大量的资金来源。

五、加强知识产权保护力度,严惩违法侵权行为

我国知识产权保护的立法还不够完善,打击盗版侵权行为的力度不够,生物企业人才流失带走技术的现象也时有发生。生物技术产品一般研发成本高,生产成本低,如果研发主体的利益得不到有效维护,生产生物技术产品的公司难以避免破产,从而打击企业研发的积极性。因此,国家一方面应尽快完善保护专利技术和知识产权的立法,另一方面也应加强执法力度,坚决打击和严惩专利侵权行为,切实维护研发者的创新积极性和产权拥有者的合法权益。

第八章　我国农业微生物开发重点与战略对策

党的十九大提出了乡村振兴战略,以加快推进农业农村现代化。要实现这个战略目标,农业必须加快发展方式的转变,如实现从"二物"思维向"三物"思维的转变,加快发展农业微生物学科,加大农业微生物资源开发和利用力度,不断改进农业微生物新技术、新手段,实现农业增产、增收、增效,不断提高农业现代化水平。

第一节　农业微生物的发展目标和重点领域

一、农业微生物的发展目标

微生物学的发展目标是认识微生物及其生存方式和演化规律,揭示微生物之间及其与动物、植物和地球环境之间的相互关系,从而促进人类对生命本质、生命与地球共进化的理解,推动经济和社会的可持续发展。

我国农业微生物开发的未来发展目标,应是强化农业微生物资源研究特色和优势,进一步摸清我国农业微生物资源家底,健全我国农业微生物资源库;提升农业微生物学基础研究水平,在多数领域达到国际水平,部分优势方向实现突破,提出原创概念,建立理论体系;增强农业微生物技术源头创新能力,研发具有重大前景的核心生物技术,提升农业微生物学对动植物生产、人口健康、环境保护、国家安全等的支撑能力。

二、我国农业微生物开发重点领域

未来我国农业微生物的开发研究应向目的性强、应用面广、效率高、与农业生产实践紧密结合的方向发展。

(一) 农业微生物资源合理利用及新资源开发

农业微生物种类多、生态分布广,资源十分丰富,农业微生物既是微生物保藏菌种库源,又是微生物开发利用的源泉。充分利用已有资源,如大豆、花生、绿肥等豆科植物根瘤菌及其共生体系,抗病虫害的农用抗生素和生物杀虫剂,食用菌优良菌种,污水处理和环境保护的特异菌株,以及用于生产医用抗生素、轻工产品酶制剂的微生物,充分发挥农业微生物资源宝库的作用;积极发掘新的微生物资源,加以开发利用,使其加速转化为生产力,如共生固氮、联合固氮、非豆科作物和非豆科树木共生体系等新资源的开发利用,特殊微生物种质资源、基因源的保护和开发利用,开拓与纤维素、木质素等自然资源合理利用有关的微生物资源以及动、植物病原及其防治,等等。这些都是农业微生物资源开发研究的重要内容。

(二) 微生物肥料研制和应用

微生物肥料种类主要有根瘤菌肥料、固氮菌肥料、硅酸盐细菌肥料、光合细菌肥料、微生物生长调节剂及其他一些种类。微生物肥料对促进我国农业生产,发展绿色产业和生态农业以及实施农业的可持续发展能够起到重要的推动作用。但目前我国微生物肥料生产中存在着产品质量不稳定、品种少、抗逆性差、生产工艺较差、成本和价格较高等问题。因此在其后的研究和开发利用中,应加强基础理论研究,如菌株的筛选、多功能工程菌的构建等,不断开发新的微生物肥料品种,同时开发和研制微生物肥料专用机械设备,大力发展微生物肥料加工业,在复合菌的生产使用上要注意菌与菌之间的拮抗问题;筛选高温纤维素分解菌、木质素降解菌,研究高温分解纤维素、半纤维素和木质素的机理和技术条件,将废弃物、城市生活垃圾、秸秆和禽畜粪便等充分发酵、腐熟分解,制作成优质生物肥料并使其含有活性微生物,如固氮菌、解磷细菌、解钾细菌等,为生产绿色果树、茶叶以及无公害、无污染的有机蔬菜提供肥源。

(三) 微生物饲料研制和应用

能够用于微生物饲料的生产及调制的微生物主要有细菌、酵母菌、担子菌及部分单细胞藻类微生物等。其主要产品是单细胞蛋白、发酵饲料、微生物添加剂、酶制剂、赖氨酸等。未来微生物饲料的研究方向有：

1. 饲用微生物的生理功能的研究

饲用微生物具有庞大的生物酶系，可参与各种代谢活动，对机体的营养状态、生理功能、免疫反应等都有较大的作用。因此，饲用微生物应引起研究工作者的重视，通过对这类微生物的基础研究，开发出对宿主生长发育、消化吸收、免疫调节等作用更显著的新菌种。

2. 优良菌种的筛选

运用现代生物技术手段不断发掘新的微生物饲料菌种和改良现有的菌种，使产品的质量、功能、效益等方面有更明显的提高，如重组工程菌等。

3. 加大对微生物饲料添加剂安全性的研究

由于其具有潜在致病性、携带和转移抗生素抗性基因的可能性等因素，在使用微生物饲料添加剂时，应充分考虑到受体动物安全、消费者安全、环境安全等各方面因素，在进行严格的科学实验证明无害后，方可推广使用。

（四）微生物农药的研制和应用

微生物农药是指应用生物活体及其代谢产物制成的防治作物病害、虫害、杂草的制剂，也包括保护生物活体的助剂、保护剂和增效剂，以及模拟某些杀虫毒素和抗生素的人工合成制剂。为了保护环境，维护生态平衡和人类健康安全，开发和使用微生物农药成了现代农业发展的一个方向。但是目前我国微生物农药的研究还不够深入，主要表现为基础研究欠缺、研究开发时间长、剂型单一等。下一步需要加大对微生物农药的基础研究的投入，开发新型高水平剂型，如水分散性粒剂，加强对具有抗病、虫、草害的基因的筛选和克隆，以及转基因抗性植株的获得等研究。

（五）微生物食品的开发和应用

现代微生物技术使得人们可以不受土地、季节、气候限制，短期内即可在工厂里生产出"天然、营养、保健"的食品，即微生物食品。其不仅能为人们提供赖以生存的蛋白质、脂肪、碳水化合物、维生素、矿物质等生理活性物质，而且具备生理保健功能，参与机体调节，改善体内微环境。微生物食品主要包括食用菌、微型藻食品、微生态食品、微生物食品添加剂等。我国的微生物食品产业欣欣向荣，开发利用的菌类已从传统的乳酸菌、酵母菌发展到非病原菌的大肠杆菌、光合细菌等。随着生物技术的进步,微生物食品添加剂,包括发酵剂、保鲜剂、防腐剂等的开发研究也取得了新的进展,但其使用的安全问题也引起了人们的重视。例如,食品中添加防腐剂虽然能够延长保质期,但对人们的健康不利。人口激增、耕地锐减、粮食匮乏等问题成为制约人类发展的严重问题,传统的农业生产模式最终受到土地的束缚,单纯动植物源食品不能满足人们的营养需求。因此,我国要加快发展微生物食品。

(六)微生物能源的应用

农业微生物能源应用最多的是沼气,即由农用废弃物或家畜粪便经发酵而产生的可燃性气体,其主要成分是甲烷。沼气可用于照明、炊事、生产供能等,发展沼气在我国农村不仅是一项能源建设,而且是一项有效的环保和生态建设。此外,农作物秸秆经发酵制燃料酒精也是一项比较有前途的技术。农作物秸秆含有丰富的纤维素、半纤维素、木质素等,先对其进行预处理,以破坏半纤维素、木质素的保护作用,然后再进行酸水解和纤维素酶水解产生葡萄糖,继而进行酒精发酵。酒精发酵通常采用酿酒酵母或卡尔酵母。燃料酒精是一种潜力巨大的生物能源,农作物秸秆具有来源广泛、成本低廉、可再生等优点,因此,用农作物秸秆制燃料酒精具有其他淀粉原料不可比拟的优势。但是,转化过程中所使用的纤维素酶的成本过高、发酵工艺的不完善等问题,还需要我们进一步研究解决。

(七)微生物与植物互作

微生物对植物的影响可分为有害和有益两个方面。近年来,由于细胞生物学、分子生物学、结构生物学以及各种组学技术、高通量测序技术、单细胞测序技术、单分子成像和活体动态成像技术的发展,对植物病原微生物(病原真菌、细菌、病毒、类病毒、植原体等)和固氮微生物、根际微生物和植物内生菌的生活史和结构以及微生物与植物相互作用的认识逐渐由宏观到微观、由分子到原子、由"看不见的基因"到"看得见的基因"、由静态到动态(不同发育阶段)、由单基因功能及调控到基因网络的调控,不断深入。对于与植物互作微生物的基本生物学特征,包括增殖与复制、生理生化、遗传发育(真菌)、结构与组装(病毒),有了更多的了解。而在组学和生物信息学等手段的帮助下,对于微生物与植物互作过程中两者的基因表达调控规律,蛋白质、小分子以及小 RNA 的跨界调控等的认识也更为丰富。近年来,我国在植物病原菌的致病机理方面取得了具有国际显示度的研究成果,但是,从总体上看,该领域的不同研究方向发展还不平衡,研究工作也存在低水平重复问题。

建议未来重点支持病原微生物蛋白对寄主基因表达、次生代谢和生理调控等的影响；重点支持小 RNA 介导的跨界调控、内生菌功能化合物的生物合成等研究；鼓励病原微生物的侵染与复制，重要蛋白复合体的组装与结构，虫传病毒病害与植物寄主、昆虫介体三者之间相互作用等方面的研究。

（九）提高农业微生物技术

20 世纪 DNA 连接酶、Klenow 片断、RNA 逆转录酶、限制性内切核酸酶、Taq DNA 聚合酶等的发现，催生了以 DNA 重组技术、PCR 技术为标志的分子生物学。酵母双杂交技术等为功能基因组学研究提供了重要手段。近来广受关注的 TALENs、CRISPR-Cas9 等基因组编辑技术也源自微生物的研究。重组 DNA 技术的建立使人类有可能按照自己的意愿改造微生物或构建新的微生物，如对固氮体系进行遗传改造，提高固氮效率，使固氮菌在有氨时也能固氮，或将固氮基因导入植物体内，实现植物自身固氮，或诱导根瘤菌进入非豆科植物体内，使之共生结瘤固氮，是生物固氮领域的重大前沿课题。采用重组 DNA 技术将抗虫、抗病、抗旱等基因转入植物，使植物具有抗虫、抗病、抗旱等能力以及构建基因工程菌株、分解毒物、降解污染物、净化环境等都是极其重要的研究内容，不仅具有重要的理论意义，而且将推动农业微生物的发展登上新的台阶，推动成果转化为生产力，产生巨大的经济效益和社会效益。可以预见，随着微生物学基础研究的不断深入，来自于遗传与代谢多样性的极为丰富的微生物的新方法、新技术还将不断涌现。我国在微生物新技术、新方法研究方面长期滞后，除了理念的原因，与微生物学基础研究水平不高、积累不多有很大关系。今后农业微生物开发要大力支持新技术、新方法的原创新研究，鼓励开展以建立新技术、新方法为导向的基础研究。

第二节　农业微生物开发利用战略与对策

一、加强农业微生物资源的保护、开发和利用

微生物菌种资源与动物、植物一样，是国家重要的战略性生物资源，是农业微生物产业发展的基础和前提。当前的战略重点要采取"走出去、引进来"等方式，引进国外优良农业菌种资源，加强农业菌种资源特别是极端环境下特殊微生物资

源的搜集和保护。我国虽然已经建立起了农业微生物菌种保存体系,但是其规模、机制、功能尚不能适应当今科学研发的需求。我国农业微生物资源库虽然建立较早,但由于资金和管理机制等问题,发展一度缓慢。目前国家正积极加大资金投入,农业微生物保藏库开始发展壮大,资源品种、数量和信息量开始加速提升,并开始实现共享。因此,需要装备、重建高水平的国家农业微生物菌种资源保存与管理体系以及信息共享系统。农业微生物资源的收集基本上都是天然材料,本身具有公共产品的特点。它们是非竞争性的,在一种微生物产品中使用某一菌种并不排除另一种产品对它的使用。另外,它们也很难完全排他——阻止被人使用是困难的且代价巨大。大部分的菌种广泛分布在各区域,很难被个别地区独享,尤其是现代生物技术导致只需要微量的菌种便可大规模生产,这使得微生物资源的"走私"几乎不可能被阻止。农业微生物菌种资源搜集和保护具有很强的公益性,政府应该发挥主导作用,加大资金的投入,并建立起相应的高质量管理机制。当前的主要工作可以从三个大的方面着手:

(一)加大对原始生态环境的保护力度

原始生态环境是巨大的农业微生物基因库、种源库,保护了原始生态环境就同时保护了农业微生物资源。因此,有必要划定一些具有代表性的原始生态环境区、极端环境区和独一无二的特殊环境区作为保护区,使其尽量保持原始状态,作为研究农业微生物资源的基地。

(二)加大支撑服务能力建设

通过国家项目支持,加强各类农业微生物菌种资源收集、保藏的投入力度,注重收集、保藏动物、植物等重要病原微生物,并开展安全评价工作;加强农业微生物菌种功能验证、评价工作,提高快速分类鉴定能力,加快对保藏技术的储备研究,结合农业微生物菌种保藏的现代化改造和建设,提高各类微生物资源长期、安全保藏的技术能力。

(三)加快对我国农业微生物资源的清查和评价

特别是对于有应用前景的农业微生物资源,应加强对其的功能评价,充分发挥现有资源的应用潜力,尤其是加强对极端环境下的微生物功能基因的挖掘及菌种的功能性研究。

（四）建立农业微生物资源基因库

2016年9月22日，我国在深圳建立的世界最大的国家基因库投入运行，分样品库、数据库、活体库三类，它的使命就是"留存现在，缔造未来"。它还建有数字化平台和合成编辑平台。对于未培养的农业微生物资源，可采取提取DNA，分离和克隆不同的基因片段等措施，以保护微生物基因资源。

（五）资源集成配置建设

组织全国微生物专家，建设分类、鉴定专家信息数据库，建设农业微生物资源的检索数据库，利用先进的网络、数据库技术，在存储微生物多元化信息数据的基础上，构建微生物菌种资源的搜索系统和国内微生物资源"一站式"检索的信息管理系统，建设资源利用的信息反馈机制，集成资源效用数据。

（六）共享环境与制度建设

制定农业微生物菌种资源共享服务规范和微生物材料的规范转移秩序。通过研究制定符合各专业微生物菌种保藏机构利益的MTA协议，并大力宣传贯彻，从而在国内农业微生物菌种资源的共享交流方面形成有序流动的局面。

二、加强农业微生物产业的技术基础研究

全球生物安全顶级实验室P 4实验室总计56个（含在建），其中美国14个、印度4个、日本2个、中国3个（台湾地区2个，大陆1个）。

2016年5月13日，美国总统奥巴马宣布启动"国家微生物组计划"，主要针对不同生态系统的微生物进行比较研究，以寻求微生物的塑造方式，为使微生物朝着有益方向发展提供可靠、必要的路径。它设定三大目标：一是支持跨学科研究，回答多样化生态系统中微生物组的基本问题，如什么是健康的微生物组；二是开发检测分析微生物组的工具，如随时检测空气、水、土壤或人体微生物数量的手持传感器；三是培训相关微生物组工作人员。美国已将这一计划上升到国家战略层面，我国尚未设计这种基础性技术研究的制度构架。

基础性技术研究知识密集度高、涵盖面大、涉及面宽，需要国家层面从战略高度进行总体设计。例如，仅微生物菌种的分离、筛选和选育就十分复杂，这是一门需要很多知识和经验的学问。不同的微生物类群使得他们的分离方法也各不相

同,很难设计出对所有产品都有利的分离方法。在一些企业中,分离方法是核心机密,绝不外泄。目的菌种的分离、筛选和选育在相当程度上也具有公共产品的性质。在一种微生物制品中使用的一个被识别的菌种不能排除另一种微生物制品对它的使用,且当基因的逆向操纵相当简单时,排除其他产品的使用也是非常困难的。农业微生物产业的发展需要国家强有力的技术支撑。

在今后的科技计划中应把农业微生物产业技术创新作为一项战略并给予适当倾斜,在各类科研计划中安排一定的资金和项目,支持开展农业微生物产业的技术研究。

一方面,加强农业微生物产业科技基础设施条件建设。主要包括建设国家农业应用微生物等重点实验室、农业微生物工程菌构建技术平台、农业微生物发酵技术与酶工程应用技术平台等。通过基础条件建设,提高我国工程菌构建技术水平,提高我国饲用微生物,尤其是饲料用重组微生物及产品等的发酵工艺和产品后加工工艺水平,开发非传统饲料等生物技术,提高我国农业微生物应用水平。

另一方面,研究和开发农业生物药物技术。积极开展生物功能资源和生物先导活性产物的研究,利用基因组学、蛋白质组学和代谢组学,开展具有生物功能基因资源和生物源先导活性产物的研究,获得具有全新功能基因的生物资源和全新结构的先导活性产物,促进原创性、引领性自主知识产权的生物新资源和新品种发展;对已研制出的一批安全、高效的生物药物功能基因和重要生物活性功能产物继续培育和强化,采用基因组合,分子进化,不同结构域中氨基酸定点诱变、融合、互换及生物信息学等高新技术,开展生物活性成分的结构与功能关系的研究,进行生物药物的分子设计,使我国生物药物实现跨越式发展;突破生物药物发酵新工艺和关键技术,加强对我国现有的主要生物药物类型发酵关键技术的研究,降低生产成本,提高生物活性,突破生物药物基因工程与发酵工程关键技术瓶颈,促进大规模生物药物的发展与满足农业生产以保障人民健康生活的需要,实现农业生产的可持续发展;开展农田土壤修复微生物肥料创制,大棚蔬菜土壤质量调控与修复微生物肥料创制,高效固氮、溶磷、解钾菌株及其突变株的筛选,畜禽粪快速腐熟、秸秆快速腐解工程菌构建与菌群组建,以及生物肥料核心材料保护剂、助剂技术研究;开展应用于沼气的厌氧微生物基础研究,尤其是涉及分子生物学层次的研究和技术开发;研究开发高效纤维素酶、木酶及产生菌技术和产酶工艺技术,纤维素原料制取乙醇的高效菌株筛选和重组微生物构建及发酵工艺等。

通过研究,获得一批具有自主知识产权和重要应用前景的生物药物新产品,如多功能微生物药物、蛋白农药和农用抗生素、基因工程生物药物等,构建我国农业生物药物研发与产业化技术创新体系,实现企业技术升级和大规模生产,使产品达到国际同类先进水平。

三、设置独立的微生物开发管理部门

鉴于我国微生物开发涉及农业、科技、林业、环保、食药、国土、财政、发展改革等诸多部门,中央和省级政府应按照精简、高效、透明的原则,设立专门的农业微生物发展领导小组或微生物产业发展局,制定国家层面的发展战略,整合、归并性质相近、用途相同、使用分散的相关资金。同时,理顺各部门之间的工作关系,建立统一互通的微生物政策创设平台和动态调整机制,提高微生物开发政策的精准性、有效性和执行力。在微生物部门专门成立农业微生物分支机构,专门领导和指导农业微生物开发与利用事业。根据中国目前年产9亿吨农作物秸秆及居民不断生产废弃物的现实,应专门建立国家级微生物农业科学院,加大微生物农业新产品、新技术和新模式的研究和开发力度,重点开发食用菌新技术、乡村废弃物管理技术和农业废弃物的资源化技术等;在省级农业科学院中设立微生物农业研究所(室),在省级农业科研院所和农业高校内设立微生物农业专业,以加强微生物农业的基础理论和科学技术的研究工作;建立促进微生物农业高新技术、增效技术转化为生产力的考核体系和激励机制,加速微生物农业技术创新。

四、打造具有国际竞争实力的农业微生物产业

无论是当前还是未来,农业微生物产业都是潜力非常大的产业,前景不可限量。如,微生物可以催生绿色产业,微生物肥料可以提高土壤肥力、改善土壤条件、减少化肥使用量;微生物蛋白不仅是人类食物的新来源,也是补充饲料资源短缺的重要途径;微生物可以将农业废弃物中的生物性资源成分转化为人类所需要的蛋白质,提高自然资源利用率,变废为宝,可以消除环境污染。再如,在寻求新能源的开发中,农业生物质能源将是最有希望的新能源之一,通过微生物的作用将地球上储量巨大的农业生物质资源转化为能源,前景十分广阔。农业微生物在保护人类健康方面发挥着极其关键的作用。防治人类各种传染疾病主要是通过应用微生物的各种代谢产物(主要是抗生素)来进行的。现代微生物学中的基因工程的开创,进一步扩大了微生物代谢产物的范围和品种,过去只有动物才能产生的某些稀少高效药物的组成成分,如胰岛素、干扰素等,也都开始转为由微生物的"工程菌株"

来生产。大批与人类健康、长寿有关的生物制品,如疫苗、菌苗、保健制剂等都是来自农业微生物的产品。因此,我国要加强农业微生物开发,打造具有国际竞争力的微生物产业。当然,在农业微生物商业化的量产阶段,市场应该起决定性作用,但是我们也不能完全"无为而治",而应因势利导,实施农业微生物产业发展策略,努力打造具有国际竞争实力的高科技产业。

一是要投入资金,建造一批能够诱导产业发展的产业基础设施和中试、熟化基地,支持企业努力开发农业微生物产业新产品,打造一批国际知名的科技型企业,抢占国际市场。

二是要完善科技产业政策,营造推进农业微生物产业发展的良好环境和产业氛围,把农业微生物产业技术发展纳入国家中长期发展规划,设立国家专项基金,以扶持农业微生物产业技术继续发展,并带动农业微生物产业其他领域产业化水平的提高。

三是建设一批国家农业微生物研究中心和基地,包括建立国家农业微生物工程技术研究中心,构建微生物农业科技产业基础条件;建立一批农业微生物产业技术示范基地,"中试""熟化"一批高效产业技术;建立一批农业微生物产业化示范基地,创制具有国际竞争力的产品,依靠技术优势和国家战略投资,在农业微生物产业主要领域建立行业龙头企业。

五、加强对重要研究方向优秀学者及团队的稳定支持

长期、系统地开展原创性研究,才能有效推动学科发展、奠定重大科学发现的基础。经过大约20年的发展,我国农业微生物学研究综合实力与水平均有了令人瞩目的进步,在一些重要研究方向已经有了规模和竞争力可观的学者和研究团队,积累了一定的研究成果,在国际上产生了一定的影响。为了鼓励和支持这些优秀学者或团队潜心钻研、挑战更高层次的科学问题,建议进一步优化、创新资助机制和评价体系,在公平竞争的前提下,实现对重要研究方向优秀学者和团队的长期稳定和足够强度的支持,同时,将研究结果的影响力和研究工作的系统性作为评价的主要指标,使我国尽快在部分研究方向上率先达到国际领先水平并带动农业微生物学科的发展。

六、建立并完善鼓励学科交叉的机制和平台

学科交叉甚至融合是科技发展的特点和动力,也是我国实现科学技术跨越性发展的一个重要手段。国家自然科学基金委员会现有的资助渠道和管理方法在促进学科交叉方面发挥了重要作用,取得了较好的成效。但为了在更高层次、更大范围、更大跨度上开展学科交叉,需要不断做出新的尝试。对于农业微生物学科而言,其最新发展已经对学科交叉提出了新的巨大需求。例如,农业微生物学与医学及化学科学的交叉,合成生物学涉及微生物学等生命科学与工程技术、数学等学科的交叉。建议建立跨学科机制,利用重大项目、重大研究计划等资助渠道,及时启动重大交叉研究项目,充分发挥自然科学基金委员会在基础研究方面的引领作用。

七、努力行使自然科学基金的科普功能

向全社会传播科学理念、传递科学知识是自然科学基金的社会责任。近年来,随着我国科技投入的持续大幅度增加以及国民对科技发展的日益关注,科学技术的健康发展比以前任何时候都更需要得到社会的理解和支持,而科学普及与科学传播对于沟通科学与社会、培育科学文化、促进我国科学技术可持续发展至关重要。建议采用适当方法,在用于科学研究的基金项目中增加农业微生物的科普经费,例如,可根据项目承担者的建议安排适量用于农业微生物科普活动的延伸资助,使科研活动与农业微生物科普活动真正紧密结合起来。

八、加大宣传力度,增强需求侧对农业微生物开发重要性的认识

一是大众媒体应该加强农业微生物资源开发利用和保护方面的宣传报道,普及微生物知识,促进消费者对微生物制品的需求。在很长一段时间内,人们对农业微生物的认识往往同疾病联系在一起,认为它对人类有害无益,而对农业微生物有益的方面认识比较少,不了解微生物资源在医药、食品、农业、轻工、环保和冶金等行业的广泛运用实践,特别是农业微生物对人类健康事业的伟大贡献。这显然不利于增加大众对农业微生物制品的消费需求。因此有必要大力普及农业微生物知识,宣传农业微生物资源的重要性,特别是农业微生物对人类健康的重要性,以及保护微生物资源的必要性。

二是加强政策的引导作用,促进企业的投资需求。当今世界,农业微生物资源的开发利用已经涉及各个产业部门,取得了巨大的经济效益和社会效益。但是,由于长期政策引导和宣传不到位,企业界对农业微生物制品的投资还很有限,农业微生物资源的开发利用还处于较低的层次,零星、分散、不成体系、原始创新少,在国民经济发展中的作用也不明显。有必要加强对企业界的政策指导和宣传引导,强化工商界对农业微生物制品的产品认识和市场认识,大力推进微生物制品的投资需求,促进生物农业、微生物肥料、微生态制剂、生物医药、微生物能源、微生物食品以及微生物新材料等方面涌现出更多的高技术、高效益企业,推动我国国民经济更快、更好、更健康地发展。尤其在农业领域,一定要牢固树立"三维资源结构"的发展理念,变"植物、动物"的"二物"思维为"植物、动物、微生物"的"三物"思维,把"三物"思维作为农业发展的"新型产业结构"思维,把微生物开发作为农业发展的主要增长极、主流价值观和主导产业链,这是实现"减肥增绿"目标的关键,也是生态循环农业发展的自然规律。它必将成长为一个战略性新兴产业,也必将成为农业发展的新动力。

参 考 文 献

[1] 郑惊鸿.探访我国全球最大植物工厂[N].农民日报,2017-05-02(001).

[2] 我国温室设施面积突破210万公顷[EB/OL].(2017-09-19)[2017-10-07]. http://www.agronet.com.cn/News/1154475.html.

[3] 刘文科.植物工厂及其LED照明发展新动态[J].农业工程技术,2017,37(13).

[4] 李锐.中国农业何时步入以平方米计产量时代[N].农民日报,2017-03-06(007).

[5] 胡璐,董峻.我国化肥农药使用量提前三年实现零增长目标[EB/OL]. (2017-12-21)[2018-01-27].http://www.xinhuanet.com/2017-12/21/c_1122149089.htm.

[6] 李文华.中国生态农业的回顾与展望[J].农学学报,2018,8(1).

[7] 岳海涛,王文贵.中国生态农业发展现状及展望[J].绿色科技,2017(11).

[8] 陈伟伟,高润霖,刘力生,等.《中国心血管病报告2016》概要[J].中国循环杂志,2017,32(6).

[9] 刘奇.瞄准农业发展的"三微"方向[J].农村工作通讯,2017(11).

[10] 解恒参,赵晓倩.农作物秸秆综合利用的研究进展综述[J].环境科学与管理,2015,40(1).

[11] 张世鑫,陈秀峰,刘峰.秸秆综合利用模式探索[J].中国资源综合利用,2017(4).

[12] 雷天富.秸秆饲料化加工技术[M].西安:陕西人民教育出版社,1998.

[13] 国家发展改革委办公厅,农业部办公厅.关于印发编制"十三五"秸秆综合利用实施方案的指导意见的通知(发改办环资〔2016〕2504号)[Z].2016-

11-24.

[14] 石祖梁,刘璐璐,王飞,等.我国农作物秸秆综合利用发展模式及政策建议[J].中国农业科技导报,2016,18(6).

[15] 刘彩虹,朱彦萍.农作物秸秆饲料化利用技术[J].中国畜牧兽医文摘,2016,32(4).

[16] 安徽省人民政府.关于大力发展以农作物秸秆资源利用为基础的现代环保产业的实施意见(皖政〔2017〕29号)[Z].2017-03-01.

[17] 吕文魁,王夏晖,白凯,等.我国畜禽养殖废弃物综合利用技术模式应用性评价研究:基于嵌入AHP理论的德尔菲法[J].安全与环境工程,2013,5(20).

[18] 陆文聪,马永喜,薛巧云,等.集约化畜禽养殖废弃物处理与资源化利用:来自北京顺义区农村的政策启示[J].农业现代化研究,2010,31(4).

[19] 韩雪,粟朝芝,陶宇航.畜禽粪便的合理利用[J].北京农业,2011(15).

[20] 陈杰,赵祥杰,邝哲师,等.利用微生物处理畜禽粪便的研究[J].安徽农业科学,2014(28).

[21] 卢洪秀,程杰,江立方.畜禽粪便污染治理现状及发展趋势[J].上海农林职业技术学院学报,2010(3).

[22] 中华人民共和国农业部.全国畜禽养殖废弃物资源化利用会议资料[C].全国畜禽养殖废弃物资源化利用会议,2017.

[23] 国务院办公厅.关于加快推进畜禽养殖废弃物资源化利用的意见(国办发〔2017〕48号)[Z].2017-05-31.

[24] 李玉.中国食用菌态势产业的发展态势[J].食药用菌,2011(1).

[25] 张金霞.中国食用菌产业科学与发展[M].北京:中国农业出版社,2009.

[26] 李树萍.中国实用菌产业发展报告[R].2007中国食用菌产业发展战略高层论坛,2007.

[27] 中国食用菌商务网,《食用菌市场》编辑部.2011～2012年中国食用菌产业市场发展报告[R].中国食用菌商务网,2012.

[28] 刘双江,施文元,赵国屏.中国微生物组计划:机遇与挑战[J].中国科学院院刊,2017,32(3).

[29] 美国启动"国家微生物组计划":详解"微生物组"来龙去脉[EB/OL].http://www.medsci.cn/article/show_article.do?id=3c1d6852509.

[30] 程俊峰,卢庆云.国内生物产业发展环境与对策[J].广东农业科学,2014(7).

［31］阿依先木·艾合买江.发达国家生物产业发展经验及启示[J].中国经贸导刊,2012(1:下).

［32］刘奇.农业的新使命:三物思维[J].中国发展观察,2017(1).

［33］姜成林,徐丽华.加强微生物资源开发利用与保护的宣传[J].中国记者,2003(6).

［34］刘建军.浅谈微生物资源的开发与利用问题[J].山东食品发酵,2012(3).

［35］顾金刚,姜瑞波.微生物资源保藏机构的职能、作用与管理举措分析[J].中国科技资源导刊,2008(9).

［36］徐丽华.微生物资源研究值得重视[J].微生物学通报,2003(30).

［37］黄世贞,唐建阳,陈惠成.新世纪我省农业微生物开发研究的重点和对策[J].福建农业学报,2000(15).

［38］刁治民.农业微生物生态学[M].成都:西南交通大学出版社,2008.

［39］郭如峰.土壤污染的危害及生态修复[J].山西能源学院学报,2017,30(2).

［40］李永峰.环境生态学[M].北京:中国林业出版社,2012.

［41］杜光舜.我国农业可持续发展路径选择[J].乡村科技,2014(3).

［42］国土资源部.2016中国国土资源公报[R].2017(4).

［43］杨兴康.浅谈草场退化的原因和治理对策[J].草业与畜牧,2011(9).

［44］刘瑞玉.关于我国海洋生物资源的可持续利用[J].科技导报,2004(11).

［45］张春秀.农田地膜污染与防控技术[J].河南农业,2016(8).

后　　记

《农业发展新理念——从"二物"思维到"三物"思维》这本农业科普性读物，是安徽大学农村改革与经济社会发展协同创新中心学术委员会2017年度研究课题的研究成果。本书由国务院参事室特约研究员、农业部专家咨询委员会专家、安徽省政府参事室参事、中国农业经济学会副会长、安徽大学农村改革与经济社会发展协同创新中心学术委员会（以下简称"学术委"）主任委员刘奇同志主持编写。

2017年中央农村工作会议召开后，学术委年度第一次会议立即组织学习讨论会议精神，学术委主任委员刘奇同志提出，推动农业供给侧结构性改革，加快农业绿色发展，实现农业增效、农民增收、农村增绿、人民增寿，必须转变农业发展理念，其中很重要的方面，就是农业发展从"二物"思维转变到"三物"思维。会议确定以此作为学术委年度重点研究课题，并成立了课题组。在学术委年度第二次会议上，课题组对推动农业从"二物"思维到"三物"思维转变进行了较深入的研讨。刘奇同志建议，在继续深入研究的基础上，面向全国"三农"工作者、研究人员、新型农业经营主体和农业大中专学生，编写一本农业科普性读物，以使更多的人认知、认同这一发展理念。与会同志一致赞同，本书编写工作随即启动。

在本书的编写过程中，课题组得到了中国工程院院士、俄罗斯科学院外籍院士李玉先生的鼓励与支持。李玉院士对课题研究、书稿编写思路到编写大纲乃至有关章节的具体内容，都提出了重要指导意见。

刘奇同志先后四次组织课题组对本书的编写大纲和文稿进行讨论修改，参加讨论的同志有(以姓名汉语拼音为序):常伟、崔宝玉、高钰玲、胡桂芳、靳贞来、刘学贵、孟昭杰、聂苏、宋宏、孙自铎、熊凤水、鄢达昆、张德元、张谋贵、张行宇、张延明、周浩、朱的娥等。

本书撰稿人员如下(以姓名汉语拼音为序):胡桂芳、靳贞来、刘学贵、孟昭杰、张谋贵、张延明、周浩、朱的娥。姚玉洋同志参与了部分章节的资料收集和编写工作。胡桂芳同志承担了撰写本书编写大纲和统稿的工作。

在撰稿过程中,我们参考借鉴了一些机构和专家的研究成果和科普文章,我们在文中尽可能地做了标注,但恐挂一漏万,如有疏漏,敬请谅达。

从"二物"农业到"三物"农业的探索是新时代农业发展的一个新命题,我们的研究还不够深入,希望本书能起到抛砖引玉的作用。书中不足之处,尚请方家批评指正。

安徽大学农村改革与经济社会发展
协同创新中心课题组
2018 年 5 月 20 日